여성,
경찰하는 마음

우리 사회에 여경이 꼭 필요하냐고 묻는

당신을 위한 여성 경찰 안내서

일러두기

1. 이 책에 참여한 필자는 23명으로 모두 31편의 이야기로 구성되었다.
2. 필자 가운데 일부는 필명을 사용하였으며, 필명은 다음과 같다.
   잠만보, 은봄, O2, 수사관K, 벌하비, 우아진, 엄마는외계인, 황아이.

여성,
경찰하는 마음

주명희 외 지음

생각
정원

4년 전, 드라마 〈라이브〉를 쓰며 경찰의 삶을 보통의 사람들보다는 찬찬히 구경했지만, 시간이 흐르니 나 사는데 바빠, 당시에 구경했던 경찰의 삶은 대부분 잊히고 감흥도 사라져, 이 책의 추천사를 청탁받았을 때 솔직히 나는 부담스러웠다. 그래도 청탁에 응한 건 의리 때문이었다. 나도 이 책의 저자들처럼 여성이니까.

'사명감'은 사어死語가 된 지 오래다. 그런데도 이 책은 첫 장부터 사어들로 가득하다. 다수의 사람들은 먹고살 만하면서도 솔직함을 위장한 욕망, '먹고 살기 위해서'라는 말로 자신의 직업적 사명감을 내다 버린 지 오래다. 사명감을 운운하는 사람들은 뭔가 정치(정치라는 말이 왜 권모술수라는 말로 대체됐는지는 모르겠지만)적이고, 차기 행보를 염두에 둔 너스레쯤으로 보이는 게 이즘의 작태라, 나는 별 기대 없이 책장을 넘겼는데, 웬걸 대충만 읽으려던 이 책을 단숨에 다 읽고 말았다.

여경 선배가 여경 후배 앞에서 면 안 서게 자신도 여성이면서 여성을 혐오했던 과오를 고백하고, 자랑스러운 경찰 딸이 부모가 읽을 책 앞에서 자신이 성폭행과 성추행의 피해자였음을 아프게 드러내고, 약자인 게 분명한 피해자들 앞에서 강자 행세로 상처를 준 지난날을 회고하는…, 이 책의 저자들은 알고 있었다. 솔직해야만 진짜 정의로울 수 있고, 정의로워야만 서민, 피해자, 아동, 핍박받는 낮은 지위의 여성들에게 자신들이 진심 어린 동반자, 연대자가 될 수 있다는 것을. 그 울컥한 행보에 박수를 보낸다.

'정의, 동료애, 사명감, 공감, 유대, 연대, 이해…', 내가 드라마 속에 그렸던 가치들이 여전히 현실 속에 찬란하게 펼쳐지고 있음을 확인한 이 책이 단순한 직업의 애환을 말하는 데 그치지 않고, 이들이 던지는 뜨거운 메시지를 각자의 삶으로 살아내기를, 그래서 서로가 기대며 살아가는 사회가 되기를 바란다.

__ 노희경(작가)

2

'경찰'이라는 이름으로 열심히 살아온 사람들, 별처럼 반짝이는 삶의 이야기를 만난다. 남자, 여자가 왜 필요할까? 대한민국 경찰의 열정, '피땀 눈물'에 대한 기록이다. 23명 저자의 자전적 기록을 읽으면서 타인의 고통에 민감한 공감 능력과 경찰의 책임감과 자부심이 생생하게 느껴졌다. 여성 경찰의 성장기가 얼마나 진솔하고 흥미진진한지, 이제껏 만나보지 못했던 '찐한' 감동을 선물 받은 느낌이었다.

이 책의 저자들은 압도적인 남성 조직에서 이질적인 존재가 가져야 했던 열등감과 권위의식을 털어내고 당당한 여성으로서의 자신감을 갖고 세상을 바꾸는 꿈을 꾸게 되는 과정을 다양한 사건 사례를 통해 풀어냈다. '대림동 여경 사건'을 비롯한 유명한 사건과 현장 이야기가 생생한 체험으로 담겨 있다. 치안 담당자들의 애환과 알려지지 않은 진실을 마주할 수 있으니 재미와 의미를 겸비한 값진, 좋은 책이다.

더 이상 여경의 '고군분투'는 없다. 함께 하는 사람들이 많다. 이 책의 필독으로 의미 있는 연대에 동참하길 진심으로 권한다.

__ 김효선(《여성신문》 발행인)

3

세상에는 깨져야 할 침묵이 많다. 여자 경찰의 세계도 그중 하나다. 이 책은 70여 년 한국 경찰 역사에서 처음으로 여경들의 목소리를 담은 책이다. 여경들 대부분은 첫발을 내디딜 때부터 경찰에 걸맞지 않은 사람, 남자 경찰과 다른 '그 밖의' 존재로 간주되어왔다. 이 때문에 환영받지 못했을 뿐만 아니라 역량을 발휘할 기회조차 제대로 얻지 못했다. 필자들은 여자라는 이유로 배제됐던 영역에 힘들지만 다부지게 파고들어 미래를 열어가는 이야기를 조심스레 펼쳐놓는다. 풀리지 않는 의문과 부당함을 참고 견디면서도 덜컹거리며 버텨온 여경들의 '진짜 이야기'를 마주하노라면 성 역할은 구별이 아니라 명백한 차별임을 자연스레 깨닫게 된다.

남자 경찰이 하던 일을 대신하는 것이 아니라 다른 방식으로 일하기를 시도하는 여경의 모습을 통해 경찰과 세상을 바꿔놓을 신선한 힘을 발견한다. 현장에서, 또한 책 속에서 만난 여경들에게서 곧 휴지기를 끝내고 그 열기를 뿜어낼 휴화산 같은 존재감을 느낀다. 민주 경찰, 인권 경찰, 민생 경찰의 미래는 여경들에게 달려있다고 감히 말하고 싶다. 목소리는 제대로 경청될 때 의미가 살아난다. 경찰청장을 비롯한 모든 경찰, 그리고 국민들에게 이 책을 권한다.

__ 문경란(전 경찰청인권위원회 위원장)

들어가며

2016년 당시 서울에 하나뿐이던 여경 기동대, 24기동대에 근무할 때 일이다. 여경 기동대가 소속된 서울경찰청 기동본부 2기동단에서 족구대회가 열렸다. 경찰관들의 족구대회라고 해서, 남자들 서너 명이 한팀이 되어 화려한 '손 짚고 돌려차기'를 공격할 때 여경 한 명이 깍두기처럼 껴서 공을 피해 다니는 경기를 상상했다면 오산이다.

그날 2기동단 연경장에서 단연 주목받은 경기는 여경들로만 이루어진 24기동대 결승전이었다. 화려한 돌려차기는 없어도, 제법 안정된 수비와 날카로운 공격으로 흥미진진한 경기가 펼쳐졌다. 대회가 끝나고 "여경들도 족구 잘하네, 같이 한게임 하자."라는 말이 나왔을 정도였다. 24기동대원들은 경기 결과보다, 난생처음 여럿이 공을 차고 헤딩하며 연습한 과정을 즐겼던 듯하다. 그 뒤 쉬는 시간이면, 종종 연경장에 족구하는 여경들의 환호로 가득했으니까.

24기동대장이었던 나는 이 일화를 자주 이야기한다. 그때만 해도 '여자가 무슨 족구야?'라는 인식이 있었다. 명색이 기동대 족구대회인데, 여경들에게는 팔씨름 경기를 하라고 했다. 나는 거절했다. 그리고

"족구를 하겠다."고 했다. "여경들이 안 해 봐서 못하는 거지, 시키면 다 잘해. 처음부터 잘하는 사람이 어디 있나. 계속하다 보면 잘하는 거지." 라는 말을 덧붙이면서.

이 책에 실린 여경들의 이야기는 '경찰관 족구'를 닮았다. 처음부터 아예 여경에겐 팔씨름이 어울린다며 경기에 끼워주지 않거나, 여경을 깍두기로 세워놓고 어쩌다 공 한 번 건드릴 기회를 주는 선심은 쓰지만, 누구 하나 규칙을 제대로 알려주고 함께 경기하려 들지 않는다. 그러다가 "옆 부서 누구는 잘하던데…." 하고 비교하거나, "이런 것도 못 하냐."며 비난하기도 한다. 하지만 여경들은 주어진 일은 무엇이든 해낸다. 족구 공을 처음 잡았던 우리 기동대원들처럼 처음에는 서툴지만, 발놀림을 배우고 힘 조절을 익힌 다음에는 완전한 플레이어가 되어 헤딩으로 공을 받아내고, 안정적으로 토스하고, 또 어떻게든 공을 넘기며, 결국에는 멋진 경기를 해낸다.

여성 경찰은 1947년 미 군정기 때 최초로 채용된 이후 오늘까지 이어진다. 여경은 언제나 있었지만, 언제나 온전한 '경찰관'으로 받아들여지지도 않았다. 또는 민원실이나 소년 사범 전담과 같이 성별 역할 구분에 따른 특정한 역할만을 요구하기도 했다. 오랜 시간 깍두기 같은 존재로 취급받았지만, 점점 여경들은 경찰조직 내에서 영역을 넓히며 제 몫을 훌륭히 해내고 있다.

이 책은 '여경은 안 돼'라며 계속해서 여경을 깍두기에 머물게 하려는 '보이는 손'과 맞서는 이야기이다. 그렇다고 무시무시한 페미니스트들의 투쟁기는 아니다. 족구 연습을 즐기던 24기동대원들처럼 지금 이 순간에도 하루하루 열심히 일하는 23명 여경의 일상을 담았다. 일하면서 만난 경찰 동료들과 민원인을 통해 나를 성찰하고, 한 걸음 더 나아가고 그러다가 실수도 하면서, 어쨌든 더 좋은 경찰관이 되기 위해 아파하고 성숙해지는 '우리 경찰'의 모습이다.

시간이 흐르면서 여경을 바라보는 시선과 요구는 바뀌기도 했고, 머물러 있기도 하다. 97년 초임이었던 김세령 님이 들었던 "여자는 형사 안 돼."는 여전히 이수진 님에게 "여자는 경비 안 돼."라며 반복되고 있지만, 2022년 수사관K 님은 이제 어엿한 5년 차 형사다. 조직 안에서의 크고 작은 성폭력과 성희롱은 2000년의 이지은 님도 2020년의 김영인 님도 함께 겪은 일이지만, 젠더 폭력을 막기 위해 오늘도 열일하는 전지혜 님과 김영은 님이 있어서 한편으로 든든하다. 편견을 깨고 신임 경찰에게 무술을 가르치는 민새롬 님과 아프리카에서 유엔 경찰로 활약하는 정수온 님, 그리고 지금도 각자의 자리를 지키고 있을 글쓴이들과 모든 동료들을 생각하면 앞날이 밝다.

이 책을 처음 기획한 것은 올해 초 '여성가족부 폐지', '이대남' 같은 용어들이 공공연히 등장했을 때였다. 여성 혐오의 정점에는 대체로 여경이 있다. 2019년 '대림동 여경' 사건을 비롯하여 여경에 대한 온갖 영상과 블라인드에 올라온 비하적인 글들이 넘쳐나고, 이런 가짜 뉴스들이 언론방송에 기사화되면서 확대 재생산되는 패턴이 반복되었다. 온갖 혐오의 말 속에 정작 여경들은 사라지고 없다. 나는 그렇게 존재를 부정당하는 여경들, 부정적 시선에 섬처럼 고립되어 있으면서도, 묵묵히 자기 일을 하고 있을 동료와 후배들이 안타까웠다. 그녀들의 이야기가 듣고 싶었다. 괜찮은지 묻고 싶었다.

2019년 '대림동 여경' 사건 당시, 여경들의 현장학습모임 '젠더연구회'에서 여경에 대한 혐오를 멈추라는 성명을 냈다. '술 취한 사람도 제압하지 못한 무능력한 여경'이라는 논란이 가짜 뉴스였음이 밝혀졌지만, 해당 여경을 향한 비난은 사그라지지 않았다. 젠더연구회 이름을 빌렸지만, 나는 모든 여경들이 한마음으로 "힘내, 혼자가 아니야."라고 말해주고 싶었을 것이라 생각한다. 그날의 일을 온몸으로 겪어낸 이선영 님의 이야기도 이 책에 실려있다. 용기를 내주어 고맙다. 성명이 나간 뒤 남경들과 조직 안팎으로 많은 사람들이 응원을 보내주었다. 빙산의 일각처럼 보이지는 않지만, 수면 아래 거대한 힘이 세상을 움직이고 있음을 뜨겁게 느끼는 순간이었다.

'여기자', '여교사', '여류작가'와 같이 모든 직업에 '여성'을 의미하는 접두사가 붙을 때가 있었다. 이제는 그 차별적 의미를 알기에 쓰임이 줄고 있지만, 유독 '여경'이라는 단어는 사라지지 않고, 혐오는 넓게 퍼져간다. 이 책에서 '여경'을 대체하는 말을 찾고 싶었으나 불가피하게 사용할 수밖에 없다. 또 한편으로는 여성 경찰관의 현실을 보여주기에 '여경'이라는 단어만큼 적절한 단어도 없다는 생각이 든다.

경찰은 현장에서 국민을 가장 먼저 만나는 직업이다. 이 책은 '여경'들이 쓴 이야기이지만, 모든 경찰관의 이야기이고, 민원인의 이야기이고, 동시대를 사는 모든 여성들의 이야기이다. 이 책이 경찰 그리고 여성 경찰을 이해하는 계기가 되기를, '여경'이라는 단어가 혐오의 의미로 쓰이지 못하도록 하는 데 도움이 되면 좋겠다. 나아가 우리 사회에 존재하는 성, 인종, 경제력, 나이, 외모, 장애, 소수자 등 수많은 차별에 대해, 혹 우리 내면에 감춰진 또 다른 차별의 모습은 없는지 돌아보았으면 한다. 우리 사회 전체가 평등을 지향할 때 우리 모두 각자의 자리에서 당당하게 존재할 수 있게 될 것이다.

필자로 참여한 이들 모두 책을 내기 위한 글을 생전 처음 써보았다. 무모하게 책을 만들겠다고 시작한 나도 글을 쓰고, 다듬고, 책을 만드는 일은 처음이다. 나의 서툶으로 재미있고 풍부하고 감동적인 여경들의 삶이 충분히 전달되지 못한 듯해 아쉽다. 좋은 세상을 만들고픈, 뜨거운 마음 때문에 경찰이 될 수밖에 없었던 그녀들의 열정에 박수를 보내며, 독자들의 양해를 바란다.

끝으로 젠더연구회 연구 활동의 든든한 지원군이자 이 책을 만드는 단초를 마련해주신 서울대학교 추지현 교수님께 감사드린다.

2022년 10월 13일
'경찰의 날'을 앞두고

주명희

차별은 좋고 싫음의 구별이지만 차이는 다름을 말한다.

여성과 남성, 경찰과 민원인, 서양인과 동양인…,

힘의 우위를 가리려는 차별이 아니라, 차이의 눈으로

서로 다름을 인정할 때 갈등은 사라진다.

나는 끝내 형사는 되지 못했다. 그렇지만, 예전보다

차별에 민감해지고, 내가 느꼈던 불편한 지점들을

이해하고, 반성하면서, 한 인간으로서, 경찰관으로서

나만의 해답을 찾아가고 있다. (114쪽)

차 례

1부 여경하는 슬픔

차별과 차이 사이 그 어디쯤

**1장 여자랑은 말이 안 통해,
남자 경찰로 바꿔요**

**2장 내가 먼저
정의가 되어야 했다**

형사과 근무를 시작하던 날에 한 선배가 "형사 업무가
영화처럼 멋지게 해결되는 건 아니다."라고 충고했다.
처음엔 그 말이 맞다고 생각했다. 그러나 시간이 흐를수록
경찰의 일은 영화처럼 멋있는 것이라는 생각이 든다.
누군가의 눈물을 닦아주고, 위험을 막아주고, 악인들이
벌 받도록 기회를 주는 엔딩이 있으니 말이다. (197쪽)

2부 경찰하는 기쁨

모두의 아픔과 고통이 지워지는 그 어디쯤

1부

여경하는
슬픔

차별과 차이 사이
그 어디쯤

1장

여자랑은
말이 안 통해,
남자 경찰로
바꿔요

들어오지 말라니
더 들어가겠습니다

이수진 • 하남경찰서 경비교통과장. 여경에게 닫혀 있던 '경비'의 문을 열기 위해 수없이 두드렸다. 전국 257개 경찰서 중 단 두 명뿐인 여성 경비과장. 경찰로 사는 하루하루가 감사하다.

나는 경비과 소속이다. 형사과·수사과·여성청소년과는 많이 들어봤지만, '경비 경찰' 하면 다들 한 번씩 갸웃한다. '경비 서는 거예요?' 하고 되묻는 이들도 더러 있다. 사실 경비 경찰은 우리 주위에서 가장 흔하게 만나는 익숙한 경찰이다. 광화문이나 시청 아니면 각종 시위 현장에서 우르르 부대로 움직이는 경찰들을 본 적이 있을 것이다. 그들이 경비 경찰이다. 집회와 대테러 상황뿐 아니라 전쟁 시 작전상황을 총괄하는 일이 바로 경비 경찰의 임무이다. 거칠고 위급한 상황에 투입되므로 경비 경찰조직은 거의 '금녀의 공간'으로 인식되었다. 대부분 국가위기와 관련되어 있고 수많은 경찰력을 일사불란하게 통솔해야 한다는 점에서, 특히 대부분 남성으로 조직된 경찰력을 여성이 지휘하는 일은 암묵적으로 허락되지 않았을 것이다.

내가 처음부터 '금녀의 공간'을 탐했던 것은 아니다. 그 시작은 우연이었다. 어쩌면 경찰 생활에서 살아남기 위한 나만의 돌파 수단이었는지도 모르겠다. 먼저 내가 경찰이 된 이유를 이야기하려면, 어린 시절로 거슬러 올라가야 한다. 3녀 1남, 장녀인 나는 남동생과 무려 13살 차이다. 아버지의 이루지 못한 꿈은 경찰이었고, 자식 가운데 하나는 꼭 경찰이 되기를 바라셨다. 초등학생 시절, 나는 동네 남자애들을 끌고 다니며 뒷산 동굴을 찾아 나섰고, 겨울에는 탐험을 떠난다며 얼어붙은 낙동강을 헤매고 다녔다. 영락없는 선머슴아 같은 나의 모습에 아버지는 큰딸이 당신의 꿈을 이뤄줄 것이라 기대하셨다. 그리고 어느 날부터인가 나 또한 막연하게 경찰의 꿈을 꾸기 시작했다. 경찰 말고는 단 한 번도 다른 일을 생각해보지 않았다.

그렇게 자연스럽게 경찰이 되었다. 2000년대 초 신임 경찰 시절, 지구대에서 근무하다가 경찰서 내근을 지원했다. 여성 경찰관들이 근무할 수 있는 자리는 정해져 있기에, 원하는 부서로 이동하기는 쉽지 않았다. 자리 하나를 두고 여성 경찰관들 사이에서 다투고 눈치 보는 일은 흔했다. 내가 누군가를 밀어내거나, 누군가

자리를 옮겨 공석이 되어야만 갈 수 있었다. 나는 궁금했다. 왜 여성 경찰관의 임무는 몇몇 보직에만 머물러 있는지, 그 밖의 분야에서 여성 경찰관은 일할 수 없는 것인지 의문이 생긴 것이다. 나는 경찰조직에서 내가 하고 싶은 임무에 도전해보고 싶었다. 그렇게 살피다 보니 경비과가 눈에 들어왔다. 경비 경찰은 순환보직 외에 여성 경찰관이 단 한 명도 없었다. 호기롭게 지원서를 넣었지만 낙방했다. 다시 지원, 이번에도 실패, 삼세판이라고 했으니 한 번 더! 역시나 실패였다. 삼세판은 너무 적었던 것일까, 다시 또 지원. 네 번째 지원이었다. 그제야 경비과에서도 내가 누구인지 궁금했던가 보다.

"왜 여성 경찰관이 경비과를 오려고 하죠? 여기는 남자들만 근무합니다."

인사담당자의 말에 나는 되물었다.

"왜 남자들만 근무하나요?"

"집회나 행사에 경찰관들 동원하고 배치하는 일이지만, 무전도 해야 하고 폴리스 라인도 들어야 하고 뛰어다녀야 하고…."

"아, 그러니까 힘이 세야 하는 거죠? 다행입니다! 저 힘세서 폴리스 라인쯤이야 번쩍 들 수 있고 목소리도 무지 커서 무전도 자신 있고 엄청 잘 달립니다."

담당자는 곤란한 표정을 지었다.

"저… 그럼 과장님께 말씀드려볼게요. 다음에 오시죠."

아, 여기서 물러서면 안 될 것 같았다. 담당자는 부서 과장님에게 말도 안 해 볼지도 모를 일이었다.

"그러면 과장님께 제가 직접 말씀드리고 싶습니다. 지금 계신가요?"

경비과의 문을 나는 그렇게 열고 들어갔다. 나의 용기 있는 모습에 경비 과장님이 허락하신 것이다. 처음부터 잘하는 일은 없다. 남자든 여자든 똑같이 그러하다. 4번의 도전 끝에 들어온 나는 쉽사리 물러나고 싶지 않았다.

경비과에 처음 와서 맡은 일은 '동아국제마라톤대회'였다. 마라톤의 처음과 마지막을 경찰에서 담당하게 되었으니, 잘못되면 전 세계에 방송을 타게 될 일이었다. 선수가 아닌 사람들이 단 한 명이라도 마라톤 코스에 끼어드는 순간 망한다. 마라톤 코스에 경찰 배치를 맡은 나는 처음에는 일일이 걸어 다니면서 적절한 위치를 고민했다. 봄볕이 제법 따가워서 어찌나 지치던지, 중간에 사비로 자전거를 사서 마라톤 코스를 돌고 또 돌았다. 그렇게 완성한 배치도를 과장님에게 보여드렸더니 이게 아니란다. 다시 코스로 나가기를 예닐곱 번, 깨지고 깨지고 또 깨졌다. '이거 경비과에서 나가라고 일부러 그러시는 건가?' 나는 과장님을 찾아가 울면서 물었다.

"제가 나가기를 바라시는 거죠?"

과장님이 엷은 미소를 띠며 말했다.

"지금 너는 너무 잘하고 있어. 네가 마친 일이 나에게 왔을 때는 나의 일이야. 나는 내 일을 할 뿐이야. 너를 깨지게 하려는 게 아니라고. 지켜보니, 네 장점은 일단 부딪혀보고 안 되는 것은 되게 만드는 거야. 네가 일을 빨리해서 넘겨주니 나도 그만큼 나의 일을 빨리 시작할 수 있어 좋아."

그날의 과장님 말은 내 가슴에 속속들이 새겨졌다.

경찰서를 옮겨서도 나는 경비과를 지원했다. 또다시 "여자가 왜 경비를 하려고 해?"라는 같은 질문을 받았다. (와, 또 시작이다) 4년이 지났지만 여전히 금녀의 공간인 것이다. 새로운 경비 과장님 역시 내가 탐탁지 않았는지 나에게 업무 지시를 내릴 때에도 시선은 다른 사람을 향한 채 말했다. 답답했다.

어느 날 관내 한 대학교에서 화학테러가 의심된다는 신고를 받았다. 현장에 폴리스 라인을 치고 화학테러담당 부대를 기다려야 했다. 다급했던 나는 냄새가 나는 구역을 찾아 킁킁거리며 다녔다. 지금 생각하면 정말 바보 같은 짓이었다. 유해물질이었다면 사망인데…. 빨리 원인을 찾아 피해가 확산되지 않도록 무릎으로 기어 다니며 냄새의 원인을 좇았다. 원인은 희석하지 않은 청소 세제였다. 헛소동으로 끝나 다행이었지만, 가슴을 쓸어내린 일이었다.

또 어느 날은 대학가 원룸촌에서 폭발물이 설치되었다는 신고를 받았다. 현장에 가보니 건물 2층, 한 원룸에서 다이너마이트 모양의 폭발물이 발견되었다. 일단 폴리스 라인을 치고 주민들을 대피시킨 뒤 경찰특공대를 기다렸다. 언제 터질지 모르는 상황이었지만 나는 폭발물이 뭔가 의심스러웠다. 인터넷 검색을 해보니 다이너마이트 모형의 알람 시계도 있었다. 그래도 그 상황에서 직접 확인하려는 무모한 사람은 없을 것이다. 그 순간, '내가 대테러 담당 경찰인데 누가 확인하겠는가!' 나는 방 안으로 들어가 실물을 영접했다. 순간 헛웃음이! 알람시계였다.

남성 동료들보다 더 노력하고, 잘해야만 인정을 받을 수 있기에 나는 더 무모했는지 모른다. 새로 옮긴 경찰서 경비과에서 석 달 만에, 경비 과장님은 드디어 나를 똑바로 바라보며 직접 업무 지시를 내렸다. 하, 뿌듯했다. (이게 왜 기쁠 일인가!) 조직이 바뀌고 동료 남자 직원이 바뀔 때마다 나는 그들에게 인정받기 위해 노력해야 했다. 한 계급 올라가면, 남자들 눈치 보지 않고 긴장하지 않고 일할 수 있을까? 하지만 승진을 해도 마찬가지였고, 답답함은 여전했다.

전국의 신고 건수 3위 안에 들 만큼 힘든 지구대에서 일하면서 나는 경감으로 승진하고, 기동대 제대장을 거쳐 다시 일선 경찰서로 오게 되었다.

"이제 됐어!" 나는 또다시 경비계장을 지원했다. 하하, 4년 전에도, 그 후로 다시 3년이 지난 시점에도 나는 같은 말을 들어야 했다. 여성 경찰관이 경비계장을 한 사례가 없네 마네. 요즘은 5년이면 강산이 변한다는데, 10년이 지난 지금도 생각을 바꾸지 않는 이들이야말로 꼰대가 아닌가. 그래서 직접 경찰서장님에게 전화했다. '경비계장을 하고 싶고 잘할 수 있다'고. 세상에는 의외로 안 될 것 같은 일이 쉽게 풀릴 때가 있다. 내 전화에 서장님이 흔쾌히 허락하신 것이다. 그리고 3년이 흘렀다. 그동안 다른 경찰서에도 여성 경찰관들이 경비과를 지원하고 경비계장을 하는 사례가 늘었다. 정말 뿌듯했다. 간혹 내가 무전을 잡게 되는 날이면 서울청 전체가 듣고 있을 테니, 무전을 듣는 사람들이 자다가도 벌떡 깰 만큼 크고 야무진 목소리로 무전을 했다. 여성 경비계장의 무전은 큰 호응을 받았다. '대단하다! 씩씩하다!'

어느 날 기동단 경비과장이 공석이 된다는 소식을 들었다. 그 순간 도전하고픈 의욕이 부글부글 끓어올랐다. 전국에서 가장 큰 집회와 대규모 시위를 관리하고 국가 중요시설 치안 활동 등을 경험해볼 기회였다. 꼭 가고 싶었다. 하고 싶었다. 그런데 이곳이야말로 완전한 금녀의 공간! '갈 수 있을까?' 나는 용기를 얻고 싶어서 여러 사람에게 전화로 자문을 구했다.

"나, 이번에 기동단 경비과장을 지원하려고 해? 가능할까? 받아줄까? 어떻게 생각해?"

물론 긍정적인 답을 주며 격려한 이들도 여럿 있었지만 대부분의 반응은 이랬다.

"그건 니 욕심이야!"

(나 : 욕심 아니고 하고 싶은 일을 구하려는 것뿐이야.)

"여자가 경비과장이면 서장님이 얼마나 불편하겠어?"

(나 : 아닌데, 서장님들은 일로만 판단하시던데.)

"경찰서랑 기동단은 완전히 달라. 뛸 일이 얼마나 많은데!"

(나 : 쳇, 그럼 육상선수만 경비할 수 있겠네.)

10년 전, 내가 경비과를 처음 지원하면서 금녀의 공간에 한 발짝 들여놓았다고 생각했는데 상황은 달라지지 않았다. 열심히 자물쇠를 망치로 쳐서 문을 열고 들어갔는데, 열면 문이 또 있고 열면 문이 또 있고 끝없이 문이 가로막는 느낌이랄까. 결국 기동단 경비과장은 기존 과장님이 자리를 지키기로 하면서 일단락되었다. 내가 먼저 포기한 것은 아니었다.

그 후 다시, 시도청을 옮기면서 나는 17년간 일했던 서울을 떠나 경기도로 오게 되었다. 보직 지원서에 나는 당연히 1지망에서 4지망까지 모두 경비과장을 지원했다. 당연히 내가 좋아하고 잘하는 일이었으니까. 그러나 또다시 "여성 경찰관이니까 경비과장보다는 여성청소년과를 지원하시죠?"라는 소리를 들었다. '또! 또! 또! 또 시작이다~!'

여성 경찰이 경비과장을 하는 것을 받아들이기엔 여전히 힘든 세상이다. 경비 경찰로 일해왔던 지난 시간을 떠올리면서 밤새 생각하고 또 생각했다. 눈물이 났다. 왜 나는 늘 같은 고민을 하는 것일까. 내가 열어온 문들은 결국 열어봤자 소용없는 문이었던 것인가. 이튿날 간밤의 고민을 말끔히 지워버린 나는 경찰서로 가서 경비를 계속하겠노라고 호기롭게 말했다. 그리고 지금, 경비교통

과장으로 일하고 있다.

얼마 전 청 단위에서 지휘검열을 했다. 큰 집회 상황에 대비하여 기동대 경력을 실전처럼 지휘하는 모의 현장 훈련이다. 물론 31개 경찰서 가운데 나는 유일한 여성 경비과장이다. '기죽을 쏘냐?!' 지휘하는 내 목소리가 연경장 전체를 울렸다. 우렁찬 나의 목소리에 다들 깜짝 놀란 기색이다. 살짝 뿌듯하다.

능력은 보지 않고 '여자가 왜, 여기에 오려고 해!' 하며 야유하고 밀어내는 이들에게 말하고 싶다. 무조건 여기는 힘든 곳이니 오지 말라는 식으로 막지 말았으면 한다. 나는 어떤 특별한 혜택을 받고 싶은 생각은 없다. 동등한 기회를 주고 같은 기준에서 평가받기를 바랄 뿐이다.

내 나이 올해 마흔셋, 아직 꿈이 있는 행복한 사람이다. 꿈이 언제나 한결같다. 금녀의 공간이라고 하는 경비 경찰, 들어오지 말라고 하니 더 궁금하고 들어가고 싶다. 그곳에 여자 경찰관이 근무하는 날이 당연해지는 그날까지 나는 계속 같은 꿈을 꿀 것이다. ◆

나를 만나려면 경제팀
쌈닭을 찾으세요

이비현 • 경제팀 경찰. 각종 고소 고발 사건 속에서 '쌈닭' 소리를 듣지만 그만큼 경찰 업무에 충실했다는 증거라 믿는다. 원칙은 철저하게 지키되 냉소하지 않는 경찰이 되고 싶다.

오늘도 어김없이 출근하자마자 메신저를 켰다. 업무와 관련한 수많은 쪽지 속에 옆 팀 수사관이 대화를 요청해온다. '지금 사건 몇 건 가지고 있어?'

경제팀 2년 차, 나는 경제팀에서 탈출하지 못했다. 경제팀은 수사권 조정으로 최악의 비선호부서가 되었다. 내부 포털 게시판에서는 '경제팀 탈출은 지능순'이라는 댓글에 '좋아요'가 n개 달리고, 다들 '내년 인사 시즌에는 나갈 거야'라는 말을 달고 산다.

세상에 돈을 잃었다고 고소장을 접수해놓고, '사기 혐의가 인정된다고 볼 증거가 불충분하다'라는 수사관의 판단에 '아, 그래요' 하고 수긍할 사람이 얼마나 될까. 겨우겨우 혐의 여부를 판단해서 불송치 결정을 하게 되면, 사건을 종결하고도 이의신청이 접수되고, 이의신청이 접수된 사건은 검찰청에 의무적으로 송치해야 하는데, 담당 검사는 기록을 읽어보긴 한 건지 고소인이 이의신청한 내용에 보완 수사 요구를 하고…, 그러다 보면 사건이 종결되지 않고 빙빙 돌게 된다. 그렇게 수사관들은 당근 없는 채찍질 속에 지쳐 다른 수사부서를 찾아 떠나는 일이 부지기수다.

사실 경제팀에서 업무 때문에 힘든 것만은 아니다. 내가 수사능력도 뛰어나고, 민원인을 대하는 스킬도 만렙이면 처리해야 할 사건이 이렇게 많지 않을 텐데…. 안타깝게도 20대 여성 경찰관인 나는 고소장을 들고 찾아오는 민원인들에게, 수 페이지에 달하는 범죄경력조회회보서(전과와 수사경력자료를 볼 수 있는 서류)를 달고 오는 피의자들에게, 경찰서 좀 드나들면서 돈을 쓸어모은 변호사들에게 작은 병아리일 뿐이다. 수십 건에 달하는 내 사건 목록을 보면서 한숨 한 번 푹 쉬고는 '오늘은 수사서류 5개쯤 쓰고 사건 30건 만들고 가야지!' 하고 오전 9시부터 키보드를 두드리기 시작한다.

사건이 늘어날수록 사건을 빨리 처리하고 싶은 마음에 민원인과 갈등도 늘어난다. 사건을 접수한 고소인들도, 고소를 당한 피의자들도 자기가 억울하다고 주장하면서 수사관과의 약속은 하나같이 안 지킨다. '피노키오가 거짓말을 하면 코가 길어지는 것처럼, 사람들이 약속을 안 지키면 새끼손가락이 길어진다면 어땠을까?' 하고 무시무시한 상상을 해본다. 내 사건 민원인들은 전부 새끼손가락을 돌돌 말아서 넣을 가방이 하나씩 필요했을 거다! 출석하기로 한 날짜에 다른 핑계를 대면서 출석 일자를 미루고, 전화를 수십 통 해도 안 받더니 출석하기로 한 시간이 지나도 깜깜무소식이다. 그렇게 전화를 한 통, 두 통 할 때마다 목소리가 점점 커지고 쌈닭 게이지가 충전되기 시작한다.

"아니 선생님, 지난주에 코로나 백신 2차 맞으셨다면서요. 그런데 오늘 백신을 또 맞았다는 게 말이 돼요? 오늘 출석 안 하시면 저희가 모시러 갑니다."

"선생님 그래서 언제 오실 수 있으신데요? 선생님 오신다고 해서 제가 밥도 안 먹고 기다린 거잖아요. 저도 일을 해야 돼요, 한 번만 도와주세요."

무섭게 으름장을 놓았다가, 인상을 쓰고 쏘아붙였다가, 이별을 통보받은 연인처럼 매달려도 봤다가, 단골집 사장님처럼 능청맞게 굴어도 본다. 매일 전화기를 붙들고 제대로 업무를 시작하기도 전에 진이 다 빠진다.

더 서럽고 힘이 빠지는 점은, 내 옆에 앉은 나보다 나이 많은 남자 팀원이 전화를 걸 때는 그렇게 협조적이던 민원인들이 내 목소리만 들으면 마치 주문이라도 외운 듯 비협조적으로 변한다는 거다.

"선생님, 저한테 무슨 이득이 있다고 선생님한테 이런 얘기를 하겠어요."

"제가 담당 수사관이라니까요!"

내가 아무리 객관적인 근거를 들어 이야기해도, 같은 이야기를 하는 남경 동료나 아이 하나쯤은 키워냈을 경력 많은 여경 선배님들과 같은 반응은 기대할 수 없다. 결국 민원인은 나를 못 믿겠다며 수사관을 바꿔달라며 민원을 제기하고, 팀에서는 나보다 나이가 많은 남자 팀원이 해당 민원인 조사를 진행하는 것으로 결정했다. 별다른 이유는 없다. 그냥 딸 친구쯤 되어 보이는 나이 어린 여자애가 자신을 조사한다는 사실을 받아들일 수 없는 거다. 민원인과 전화 통화를 하면서 목소리가 쩌렁쩌렁 울린 탓에 사무실 반대쪽 끝에 앉은 동료 직원한테서 메신저 쪽지가 온다.

'오늘은 또 누가 혼나고 있나요? ㅎㅎ 커피 한잔하러 가시죠.'

나도 처음부터 이렇게 목소리 큰 쌈닭은 아니었다. 친절하고 나긋나긋하게 설명을 해보았지만 소용없었다. 그러다 보니 지금은 '건드리면 뭅니다'라는 경고 문구 옆에 앉은 개처럼 시끄럽게 짖으면서 통화를 하게 되었다.

오전부터 전화 통화로 진을 뺐다. 오후에는 피의자 조사다. 이번에는 기필코 무시당하지 않으리라! 정장을 차려입고 머리에 힘을 주고 마스크를 착용하고 눈에 독기가 서린 노련한 수사관처럼 앉는다. 피의자는 입을 열자마자 시작부터 거짓말이다. 뻔뻔하게 들이밀 증거가 없으면서도 현란한 말솜씨로 거짓 진술을 이어 가더니, 대담하게 '수사관님 나이가 어리셔서 아직 잘 모르실 것 같은데, 제가 M&A 관련 책 추천해 드릴게요. 앞으로 수사하실 때 참고하세요'라는 말까지 덧붙인다.

다시 단전에서부터 기를 끌어모아 피의자가 주장한 내용의 모순을 파고드는 질문을 한다. 피의자는 대답하지 못하고 볼펜만 딸깍거린다. 예스, 성공이다! 피의자신문조서에 '이때, 피의자는 약 5초간 묵묵부답하며 진술하지 않는다'라는 문장을 적어넣는다. 조사를 마치고 조서를 열람하던 중 피의자는 자신이 그 타이밍에 진술하지 못한 사실을 알고 있으면서도, 그 부분을 걸고넘어진다.

"아까 조사할 때는 이런 거 적는다고 얘기 안 했잖아요? 나 인정 못 해요. 지워주세요!"

수사관이 작성한 내용은 진술인이 수정할 수 없다고 단호하게 여러 번 이야기했지만, 그 단호함은 내 목소리를 통해 전달되지 않는 걸까.

"지워달라고! 인정 못 해. 조서 다시 써줘요. 다른 경찰서 가면 수정해서 조서 다시 뽑아주던데 여긴 왜 이래!"

피의자는 조서를 열람하다 말고 날인을 거부하고 청문감사관실을 찾아가겠다며 조사실을 나가버렸다.

오후 조사도 요란하게 지나갔다. 한참 민원인에게 달려들어 쪼아대다가 팀장님한테 가서 일러바치면, 나긋하게 말씀해주시는

"어차피, 네 돈 아니야." 하는 목소리가 괴로운 경제팀 생활을 버티게 해주는 불량식품이다.

'내가 이런 소릴 들으면서까지 경찰을 해야 하나.' 자괴감이 들어 폰으로 최신뉴스를 훑어보는데, 성차별 채용이 밝혀진 기업 제품 불매운동, 아동 성착취물을 제작하고 유포한 n번방 사건 기사가 보인다. '아, 그래도 경찰관인 내 상황이 낫구나' 하고 안도하며 급여명세서를 열어본다. 오늘은 '플렉스(flex: 돈 자랑, 1020세대의 신조어)다!' 저녁으로 떡볶이를 같이 먹자고 룸메이트를 유혹한다. 경제팀에 오고 나서 늘어난 건 체중계 숫자와 뱃살, 그리고 야식 주문 속도다.

나는 정말 경제팀과는 맞지 않는 걸까? 오늘 하루도 피 터지게 싸우고 말았다. 오후 조사까지 겨우 끝마치고 부재중 전화가 떠 있어서 확인해보니 다른 부서 과장님 번호가 찍혀 있다. 무슨 일인가 하고 전화를 걸어봤는데, 아뿔싸 방심했다.

"지금 수사하고 있는 사건 중에 ○○회사 사건 있죠?"

당돌하게도, 나는 내부 메신저 대화명을 '사건 청탁 X'라고 저장해두었다. 그렇지만 저 대화명은 나 말고 다른 사람에게는 보이지 않는 것만 같다.

사람들과 갈등하고 다투고 긴장하는 상황이 1년에 한 번 있을까 말까 하여 '이런 날도 다 있네~' 하고 대수롭지 넘길 수 있으면 좋으련만, 그런 일이 매일 있다시피 한 나는 '쌈닭 게이지'만 높이고 있다. 작은 병아리가 삐약거리며 다가오면 사람들은 병아리가 무슨 말을 하는지 관심을 가지지 않은 채 '태어난 지 얼마 안 됐구나' 하고 지나친다. 그런데 쌈닭 하나가 날개를 푸드덕거리며 피를 보고야 말겠다는 기세로 쪼아대면 '무슨 문제가 있나?' 하고 쌈닭이 노리는 것이 뭔지 쳐다본다. 자신보다 나이가 어린 사람은 함부로 대해도 된다는 생각과 남성 경찰관보다 여성 경찰관의 수사 전문성이 떨어질 것이라는 잘못된 편견 앞에서 나는 삐약거리며 발에 채는 병아리가 될 수는 없었다. 그렇게 살아남기 위해 나는 경제팀에서 소문난 쌈닭이 되었다.

"나를 만나러 오셨다고요? ○○경찰서에서 20대 경제팀 쌈닭을 찾으면 됩니다!"◆

내장탕이요?
좋죠. 갑시다!

전지혜 • 경찰청 스토킹정책계장. 여경을 '여성'으로 의식하는 시선에 의문을 품고, 여성학을 공부했다. 여성 대상 범죄를 둘러싼 경찰조직의 변화에서 우리 사회의 변화를 이끌고 싶다.

경찰대를 졸업하고 성적우수자에게 대학원 진학 기회가 주어졌다. 특별히 하고 싶은 공부는 없었지만, 기회를 놓치고 싶지 않았다. 대학원 홈페이지에서 제비뽑기하듯 선택한 과목이 '여성학'이었다. '아들이면 얼마나 좋았을까'라는 말을 엄마에게서 자주 들은 것 말고는 여중, 여고에 다니면서 성차별을 그다지 겪지 않았다. 그런 내가 뜬금없이 '여성학'을 선택하게 된 데에는 경찰대에 다니면서 경험한 여러 가지 일들이 나에게 알 수 없는 불편함과 의문을 주었기 때문인 듯하다.

내성적이고 소심한 성격이었던 내가 남학생이 90퍼센트인 경찰대에 잘 적응할 수 있을지, 걱정 속에 대학 생활은 시작되었다. 입학 전 3주간의 체력 훈련을 받았다. 남녀구분 없이 어깨동무, 오리걸음, 김밥말이 등 온몸으로 부딪히는 훈련을 하며 '우리는 하나다!'라는 말을 수없이 외쳐야 했다. (그 '하나'가 지향하는 모습은 무엇이었을까?) 체력이 남학생 못지않고, 활달하고, 거침없으면 좋은 평가를 받았다. '털털하다'는 소리는 칭찬처럼 들렸다. 그 와중에도 남학생들은 12명의 동기 여학생을 '3강 1중 8약'이라면서 외모 등급을 매기며 시시덕거리곤 했다. 기숙사 생활을 하다 보니 남녀 할 것 없이 동기간 갈등은 당연했는데, 유독 여학생들끼리의 다툼은 '여자들 간의 질투'로 콕 집어 비난을 퍼붓기도 했다.

앞에 나서는 일을 자신 없어 했지만, 여자가 없다는 이유로 축제나 체육대회 때 반강제로 응원 무대에 올라가기도 했다. 여자 단원이 한 명은 꼭 있어야 한다고 해서 연극 동아리에도 가입했다. '이번 한 번이다!' 눈을 질끈 감고 짧은 치마 입고 춤추던 일, 대사 연습 중 도저히 못 할 거 같아 울면서 무대를 벗어났던 일 등, 이런 경험이 나를 성장시키는 계기였을 수도 있겠지만, 여전히 불편한 기억으로 남아있다. 여학생에 대한 성희롱 성추행 사건도 간간이 있었다. 그나마 시간이 흐를수록 성범죄에 대한 시각의 변화는 있었다. 1~2학년 때에는 피해자인 여학생에게 행실을 문제 삼는 여론이 있었지만, 졸업할 때쯤 일어난 성추행 사건에는 피해자의 적극적인 신고가 있었고 가해자는 퇴학 처리가 되었다. 이때도 가해자가 졸업을 앞둔 4학년생인데 너무 가혹한 것이 아니냐는 옹호 분위기가 없었던 것은 아니었다.

　여성학을 선택하게 된 계기를 떠올리다 보니 부정적 기억이 많지만, 경찰대는 내가 한 사람의 경찰로 성장하도록 해주었다. 여성학 공부는 쉽지 않았다. 남성 중심의 조직에 속했던 나의 생각이 여성주의 시각에서 옳지 않을까 봐, 비난받을까 봐 눈치 보고 움츠러들었다. 다양한 사람들을 만나고 페미니즘을 공부하면서 차츰 세상을 편견 없이 새롭게 보게 되면서, '경찰로서의 나'의 모습도 만들어갔다. 나 또한 '경찰 = 남성'이라는 전제하에 남성과 같아지기를 추구하고 그들의 생각과 문화를 내면화하려 했던 것은 아닌지, 지금 나의 성격과 생각, 행동은 나의 본연의 모습이 맞는지 성찰했다. 같음 VS 다름, 평등 VS 차이의 이분법적 사고에서 벗어나 여경이 경찰조직에 완전히 통합될 방법은 무엇인가? 명확한 답을 찾지 못한 채 나는 여성학 전공 경찰이라는 꼬리표를 달고 경찰 업무로 발을 내딛었다.

　나의 첫 근무지는 지구대, 순찰 요원이었다. '나이 어린 여자'라 무시당할까 늘 긴장했다. 되도록 나를 드러내지 않고 동료들과 잘 지내려고 애썼다. 팀 전체가 보신탕을 먹으러 간 적이 있다. 나는 보신탕을 먹어본 적도, 먹고 싶지도 않았지만 '여자라서 못 먹는다'는 소리가 듣기 싫어 가만히 있었다. 내 인생 처음이자 마지막 보신탕이었다. 이런 노력 덕분인지 팀원들과는 원만하게 잘 지냈다. 그것과 별개로 그들이 나를 동등한 경찰로 인정했는지는 모를 일이지만.

하루는 빵집에서 손님이 칼부림 중이라는 신고가 무전으로 들어왔다. 마침 그 주변을 지나던 내가 출동하겠다고 제일 먼저 응답했다. 그런데 신고지에 도착할 즈음, 주변에 있던 경찰들이 순찰차와 오토바이를 타고 하나둘 모여들었다. 내가 칼부림 현장에 출동한다고 하니 걱정이 되었다는 것이다. 생각보다 그다지 험악한 상황이 아니어서 순찰차와 경찰이 우르르 출동한 모양새가 좀 우습게 되었다. 나의 출동 무전에도 불구하고 자발적으로 달려온 동료들이 고맙기도 했지만, 나를 경찰이 아닌 약한 여성으로 대하는 것 같고, 그래서 내가 본의 아니게 부담을 주는 것 같아 마음은 편하지가 않았다.

이런 일도 있었다. 술에 취해 행패를 부리는 여성이 지구대로 인계됐다. 한참을 시끄럽게 떠들어대더니 나와 눈이 마주치자 소리를 질러댔다.

"평생 시집도 못 갈 년아!"

그리고 너무 특이해서 기억도 못 할 욕이 속사포처럼 쏟아졌다. 평소 지구대에는 주취 소란자 한둘은 꼭 있기 마련이다. 나는 여자의 말을 한 귀로 흘려버렸는데, 오히려 동료들이 내가 상처받지 않는지 눈치를 보더니, 공무집행방해죄인지 모욕죄인지 나를 피해자로 한 진술조서를 작성했다. 여성 주취자의 눈에도 내가 경찰이 아니라 여성으로 먼저 보이고, 동료들에게도 보호가 필요한 대상으로 보인다는 사실에, 내가 경찰로서 할 일이 아직 많음을 새삼 느꼈다.

승진 후 내가 현장에서 다시 맡은 업무는 경찰서 여성청소년계장이었다. 부임신고가 끝나고 참석자들과 악수를 하는데 한 분이 나를 위아래 훑어보며 놀라는 듯한 시선이 느껴졌다. 대번에 '아, 내가 너무 어린 여경이라 놀라셨구나, 못 미더우시구나' 싶었다. 당시 여성청소년계 업무 중에 성매매 단속이 있었다. 신고가 많이 들어온 업소에 점검차 나갔다가 질서계장을 만났다. 질서계의 주 업무는 게임장 단속이었다. 그런데 왜 성매매 단속에 나왔는지 월권을 하는 듯해 몹시 불쾌했다. 이를 따졌더니 상사인 과장님의 지시였단다. '뭐야, 나를 믿지 못하신 건가?' 또 한 번 자존심이 상했다.

그러나 시간이 지나 경력이 조금씩 쌓이면서, 어쩌면 내 자격지심도 없지 않았음을 인정해야 했다. 내가 느낀 불편한 시선들이 꼭 '나이 어린 여경'이어서는 아니었을 것이다. 상사 입장에서 첫 계장 보직을 맡은 내가 미덥지는 않았을 것이다. 첫 임무를 도와주고 싶은 마음도 있었을 테고 말이다. 그 뒤에도 한동안 젊은 여경은 환영받지 못한다는 생각은 여전했지만, 그나마 지레 위축되지는 않았다. 오히려 '젊은 여경'을 장점으로 여길 수 있도록 팀원들의 인식을 바꾸려고 노력했다. 지휘와 지시, 관리만 하는 계장이 아닌 팀원의 업무를 덜어주려고 애썼다. 특히 '여성'이 필요한 일들은 도맡았다. 성매매업소 단속을 나가면 노출이 심한 옷을 입은 여성들과의 접촉이 잦은데, 이때는 주로 내가 나섰다. 다 같이 합심한 결과 그해 업무 평가에서 우리 팀이 2등을 달성하기도 했다.

여자인 내가 가고 싶다 해서 쉽게 받아주지 않는 형사팀장직을 우연한 기회에 맡게 되었다. 경찰 내부에서도 남성성이 가장 강조되는 곳이어서, 조금은 위축되기도 했지만 이전과 비슷한 전략으로 팀원들에게 다가갔다. 팀장이지만 지시만 하지 않고 팀원들 업무를 적당히 분담했고, '여자'라서 강점이 되는 일은 자청했다. 당시에는 여청수사팀이 별도로 없었던 때라 성폭력, 가정폭력 사건 시 여성 피해자 조사에 어려움이 많았다. 나의 담당은 아니었지만, 필요하면 내가 피해자 조사를 진행하고자 했다. 그러면서도 팀원들과 융화되려면 나의 여성성이 드러나지 않아야 한다고 생각했다. 한번은 변사자 부검까지 진행한 적이 있다. 변사현장 출동과 부검 참관 경험이 있어서 그다지 힘든 일은 아니었다. 그런데 팀원들은 내심 '팀장님이 너무 놀라 구역질하고 뛰어나가지나 않을까' 하고 의구심이 있었던 듯했다. 국과수에서 부검 참관을 마치고 나오는데 누군가 나를 떠보려는 심산으로 이렇게 말했다.

"점심은 내장탕 어떠십니까?"

"좋죠. 내장탕, 갑시다!"

시신 따위를 보고 힘들어하는 연약한 여경이 아님을 증명이라도 하는 듯 흔쾌히 응했다. (사실 내장탕과 순대국은 진짜 좋아하는 음식이다.)

여성학 박사과정을 수료한 뒤 나의 전공을 업무에 활용하고 싶어, 경찰청 여성청소년과에 지원했다. 여성청소년과 업무는 계속 늘어나는 상황이라 과가 신설되고 재편되는 등 조직이 계속 변화하고 있다. 성폭력 피해자 업무에 집중하면서 나름대로 사명을 가진 나는 조직에 변화가 있더라도 같이 근무할 사람과 근무평가 등을 따지지 않고 오직 업무만 보고 이동해왔다. 그래서 내가 어떤 주장을 한 적은 없지만 '여성주의자'라는 꼬리표가 붙어있는 듯하다. 아, 그런 계기가 된 일이 있긴 하다.

2014년 경찰청 여성청소년과에 처음 전입한 해였다. 7월 1일 '여경의 날'이 다가오자 어느 때처럼 '여경의 날'의 존폐에 대해 내부에서 의견이 분분하였다. (여경의 날은 2016년을 마지막으로 공식 행사는 열리지 않고 있다.) 나 또한 '여경의 날' 필요성을 느끼지 못했다. 경찰 내에서 '여자'로 구분 짓는 게 싫어 그들과 같아지려 노력해왔는데, 굳이 '여경'으로 구분하는 날이 필요할까 싶었다. 그러나 조직 내에서 여전히 여경은 소수이고 차별도 존재하므로, 여경들의 연대라는 차원에서 여성의 날 자체를 없애자고 주장할 단계는 아닌 듯했다. 그해 '여경의 날' 기념행사 폐지를 논의하며 내부 게시판에 의견 수렴을 위해 설문 조사를 했다.

조사를 마치고 주관식 답변을 훑어보는데 익명을 앞세워 여경을 향해 쏟아낸 말들에 아연실색하고 말았다. '하등 쓸모없는 존재'라느니, '암적 존재'라느니, 온갖 혐오의 말들이 난무했다. 큰 상처를 받았다. '설마 내 옆의 동료도, 뒷자리의 상사도 같은 생각을 하는 것은 아닐까.' 그날 저녁, 여경의 날 기념으로 회식 자리가 마련되었다. 술에 취한 나는 그 자리에서 계급이 가장 높으신 분을 붙잡고 오랜 시간 일장 연설을 했다고 한다. 그분이 일어서려는 것을 막아서면서까지 그간 내 마음에 쌓여 있던 울분과 여경에 대한 편견, 개선 등등이 뒤범벅된 이야기를 두서없이 말씀드렸던가 보다.

그 사건 이후 나는 '반항'의 이미지를 갖게 되었다. 그 뒤 상황은 크게 달라지지 않았지만, 나도 목소리를 낼 수 있는 용기가 생겼다. 여기까지 온 데는 함께 해온 여경들이 있었기 때문이다. 어떤 것에 의문이 들 때, 무언가 잘못되었다고 느낄 때 같이 이야기할 수 있는 사람이 있다는 것은 그 자체로 큰 힘이 되었다. 나 혼자만의 생각이 아니고 우리의 생각이라는 것만으로, 크게 변화하는 것이 없더라도 위안이 되었다. 또 그러한 분위기에서 조직 내 남성들도 조금씩 변화함을 느꼈다. 생각을 바꾸기는 쉽지 않지만 조직 내 언행은 확실히 조심스러워졌다. 이렇게 변화하는 것이겠지. 천천히, 조금씩이라도.

경찰청에서 주로 정책 수립에 대한 업무를 맡다 보니 피해자에게 직접 도움을 주었다는 것을 체감하지는 못했다. 나의 업무들이 쌓여 피해자가 덜 상처 받고 가해자가 정당한 처벌을 받는 데 일조했기를 바랄 뿐. 특히 성폭력은 범죄 특성상 물적증거가 없는 경우가 많아 유죄판결을 위해서는 피해 진술의 신빙성이 중요하다. 피해 진술의 신빙성 제고를 위한 조사 환경 마련, 조사기법의 개발·교육, 전문가 참여제도 활성화, 그리고 수사 과정에서의 2차 피해 예방을 위해 〈표준조사모델〉 개발 등이 내가 마음을 담아 했던 일들이다.

몇 년의 현장 근무 후, 지금 나는 경찰청 여성안전기획과에서 스토킹 관련 정책업무를 하고 있다. 나의 관심 분야인 '여성대상범죄' 관련 일을 다시 할 수 있어 감사하다. 이곳에서 내가 하는 일이 곧 우리나라의 모든 여성이 자기 목소리를 낼 수 있도록 돕는 것임을 마음에 새기고 있다. ◈

안정적인 직업이라서
경찰한다는 그 말

김세령 • 시골 촌에서 태어나 경찰이 되어, 미국도 가고, 아
프리카도 가봤다. 아프리카에서 반려고양이를 만나 '고미녀'
로 살고 있다. 이만하면 출세했다고 생각하는 행복한 사람.

"안정적인 공무원이 되면 어떻겠니?"
아버지의 말 잘 듣는 딸이었던 나는 1998년 IMF 시절에 그렇게
경찰이 되었다. 여성 경찰관 7명을 뽑는 데 무려 686명이 지원, 놀
랍게도 100대 1의 엄청난 행운이 나에게 온 셈이다. 그 기쁨은 그
동안 어려운 일을 많이 겪었던 우리 가족에게 새로운 희망을 알리
는 신호이기도 했다. 평소 나를 살뜰하게 보살펴주시던 할머니가
내 등을 토닥이며 걱정 어린 말씀을 건네셨지만.
　　"여자가 경찰관이 되다니, 힘들지 않겠니?"

할머니에게 경찰은 나쁜 사람들과 맞서는 거칠고 위험한 이미지로 남아있었던가 보다. '여자'가 그것도 순하고 착한 당신 손녀가 경찰이 되었으니 불안한 마음도 없지 않으셨으리라.

"할머니, 지금 경찰은 일제 강점기 때 순사와 완전히 다르다고요! 너무 걱정하지 마세요."

걱정은 전혀 다른 데서 비롯되었다. 첫 근무지 신고식에서부터 경찰이 되었다는 자랑스러움이 산산이 깨지고 말았다. 동기 일곱 명과 경찰정복 차림으로 나란히 정렬하여 신고를 마치고 청장님의 격려사를 기다리는 순간이었다. 정면을 응시한 채 부동자세로 설렘과 떨림을 애써 누르는 우리를 향한 청장님의 한마디!

"네가 제일 낫다."

한 동기 앞에 걸음을 멈춘 청장님은 더 이상 아무 말도 하지 않았다. 순간 멍했다. 잘못 들었나 싶었을 만큼 충격을 받았다. '이 상황은 도대체 뭐지?' 황당해하며 되뇌었던 청장님의 그 한마디는 한동안 불쑥불쑥 떠오르곤 했다.

첫 근무지 경찰서는 전체 경찰관 5백 명 중에 여성 경찰관이 단 4명이었다. 몇 안 되는 여경의 일거수일투족에 수많은 이목이 쏠렸을 터, 부임 첫날부터 나는 선배 여경에 대한 부정적인 뒷담을 들어야만 했다. 그때마다 내심 '나는 다르다는 것을 보여주자'는 다짐을 단단히 세웠지만, 나 또한 쏟아지는 시선을 피하지는 못했다.

나는 키가 큰 편인 데다 까무잡잡한 피부에 짧은 헤어스타일까지, 대학 시절부터 종종 남자로 오해받곤 했다. 그게 싫어서 한동안 머리를 기르고 다녔지만, 경찰이 되면서 짧은 단발머리로 바꾸고 화장도 엷게 하고 다녔다. 단정한 차림이면 되겠지 싶었지만 수시로 지적 아닌 지적이 날아왔다. "쭉정이처럼 키만 크다.", "직장 다니면서 왜 화장을 안 하냐?" 왜 여자처럼 안 하고 다니냐는 투의 황당한 말에 여러 번 모멸감을 느껴야 했다.

그때마다 나는 대꾸하지 않았다. 무대응으로 일관했다. 어쩌면 항의하거나 거부 의사를 표현하면 나에 대한 동료들의 평가가 안 좋아질 것이라는 본능적 방어가 작동했는지 모른다. 나의 동료들은 모두 남성 경찰관이었다. 그 속에서 살아남기 위해서는 그들의 묵시적 규칙과 문화를 받아들여야만 했다. 경찰관으로서 나의 역할과 가치도 중요했지만, 남자 경찰관들과 동화되어 잘 지내는 것이 편안한 조직 생활을 위한 필요조건이라고 생각한 것이다. 일은 일대로 열심히 하면서도 동료들을 늘 의식했다. 주변 청소나 자잘한 일을 도맡고 커피 심부름도 당연한 내 일처럼 했다. 항상 상냥하고 친절하려고도 애썼다. 어쩌다 동료와 갈등 상황이 일어나면, '내가 무슨 잘못을 저질렀지?' 하며 내 행동과 태도를 검열했다. 그렇게 나의 기분이나 자존감을 모른 척하는 사이 나는 '명예 남성'이 되어가고 있었다.

한번은 육아휴직을 해야 한다는 후배 여성 경찰관에게 나는 이렇게 충고하고 있었다. "그러면 우리 부서에 전입하기 어려운

데…." 그러고는 "이래서 여성 경찰관은 직업의식이 부족하다는 소리를 듣는 거야."라는 동료 경찰들의 말에 고개를 끄덕이며 동조했다. 어딘가 불편한 마음은 있었지만 원활한 조직을 위해서는 어쩔 수 없는 일이라고 생각했다.

한 해 두 해 흐르고 경찰로서의 자부심은 높아갔다. 그 자부심이 권위가 되어가고 있음을 모른 채 말이다. 어느 날 퇴근 버스 안에서 문득 이런 질문이 떠올랐다. '나는 어떤 사람인가?' 그날 오후에 있었던 일 때문이었다. 용무가 있어 민원실을 찾았던 나는 얼떨결에 민원인을 응대해야 하는 상황과 맞닥뜨렸다. 운전면허증 갱신을 하려고 찾아온 민원인에게 시종일관 사무적인 목소리와 딱딱한 태도로 물음에 답했다. 마침 동료 경찰관이 들어오는 것을 발견하고는, 자리에서 일어나 반갑게 알은체를 했다. 평소처럼 웃으면서 담소를 나누는데 따가운 시선이 느껴졌다. 돌아보니 조금 전 응대했던 민원인이 황당하다는 듯한 표정으로 나를 쏘아보고 있었다.

버스 안에서 불현듯 그 순간이 마치 영화의 한 장면처럼 내 머릿속을 스쳐 갔다. 민원인의 황당한 시선이 고스란히 되살아났다. 어찌나 부끄러운지 나도 모르게 온몸이 바르르 떨렸다. '내가 연예인인가? 내가 왜 동료들의 인기관리를 하고 있는 거지? 나는 왜 모든 동료들에게 좋은 사람이어야 하는가? 도대체 내 진짜 모습은 무엇이지?'라는 질문이 꼬리를 물고 일어났다.

생각해보면, 마음속 어딘가에 여성 경찰관에 대한 열등감이 숨어 있는지도 몰랐다. 여성 경찰이기에 불이익을 받을 거라는 생각, 그래서 방어적으로 늘 동료들을 의식하고 잘 보이려 애썼을 것이다. 그 사이 권위적인 경찰의 모습을 닮아 갔을 것이다. 나 스스로 '경찰관에 대한 편견'에 사로잡혀 있었음을 인정하면서, 나는 비로소 마음 한구석 불편한 마음을 떨쳐낼 수 있었다. 여성 경찰관이라는 피해 의식은 '경찰'로서의 '나'의 모습을 당당하게 보여줄 때 사라질 수 있음을 깨달은 것이다.

여전히 나는 짧은 머리에 화장기 없는 모습으로 경찰 임무를 다하고 있다. 예의에 어긋나지 않게, 나의 마음이 움직이는 대로 동료들을 대하고, 내 도움이 필요한 사람들에게는 최선을 다하려 노력한다. 그만하면 충분하지 않은가. 후배 여성 경찰관들에게 내가 늘 해주는 말이 있다.

"하고 싶은 대로 하고 살자! 눈치 보지 말고. 우리의 역량은 차고 넘쳐. 우리는 우리 삶을 열심히 살면 돼!" ◆

'왕초보'
딱지를 떼던 날

이혜수 • 학창시절 윗몸일으키기, 달리기, 팔굽혀펴기 등 체력장 종목마다 특급을 기록할 만큼 운동을 잘하고 좋아해서 결국 경찰이 되었다.

2005년 4월 어느 아침, '왕초보'라는 세 글자를 크게 써서 차량 뒷 유리에 붙이고 액셀을 밟았다. 그날은 모든 게 왕초보였다. 운전뿐 아니라 경찰로서의 내 삶도 딱 그 세 글자였다. '왕초보.' 첫 출근길 무사히 도착했을까? 나들목(IC)을 막 빠지려는 순간 뒤에서 전력 질주하는 트럭에 놀라 차선을 변경하지 못하고 한 구간을 더 가서 빙 돌아 출근했다. 순간 생각했다. '아, 정신 바짝 차려야겠구나.'

첫 보직은 수사과 경제팀이었다. 아직 미혼이던 시절이었는데, 간통 사건 하나를 맡게 되었다. 지금은 성적 자기 결정권 및 사

생활 침해 등을 이유로 위헌 결정을 받아 사라진 죄명이 되었지만, 그때 당시에는 종종 간통죄 접수가 있었다. 사건은 접수단계에서부터 예사롭지 않았다. 중년 여성이 군복 입은 아들을 데리고 왔다. 휴가를 나왔다가 아버지의 외도를 알게 된 것인지, 아들은 아버지를 죽여버리겠다며 으르렁거렸다. 시뻘겋게 달아오른 얼굴을 보니 이대로 아버지를 만나게 된다면 정말 크게 일낼 것 같은 상태였다. 아들을 부대로 복귀시키는 게 먼저인 듯해서 한참 동안 여성과 함께 아들을 다독였다.

아들을 돌려보내고 아내의 하소연이 쏟아졌다. 사연인즉, 고졸이던 남편을 만나 대학까지 졸업시키며 온갖 뒷바라지를 했고, 현재 부부는 학원을 열고 안정적인 삶을 살고 있었다. 여기까지 오는 데 아내의 역할이 컸다. 그런 남편이 학원에서 일하는 강사와 바람이 났다는 것이다.

남자를 불렀다. 남자는 나를 위아래로 훑어보더니 피식 웃었다. 그리고 강사와의 관계를 부인하였다. 남자의 아내와 아들이 한바탕 사무실을 시끄럽게 해놓은 사건인지라 모두들 내가 간통 사건을 맡고 있다는 걸 알고 있던 터였다. 직원들은 간통 사건을 다뤄보지 않은 미혼의 신임 팀장이 이 사건을 어떻게 풀어갈지, 모니터 뒤에서 힐끗힐끗 지켜보고 있었다. 그날은 일단 남자의 진술을 받아 적고 돌려보냈다.

이번에는 강사를 불렀다. 미혼인 그녀는 어딘가 순수해 보였으며, 긴장한 모습이 역력했다. 국민건강보험공단에 급여정보 기록을 확보해보니 산부인과 진료 내역이 있었다. 재차 산부인과 진료기록에 대한 영장을 발부받아 해당 산부인과를 찾았다. 의무기록을 받아들고 병원 앞으로 여자를 다시 불렀다. 그리고 모두 알고 있다는 듯이 바라보았다. 여자는 멍하니 나를 바라보더니 울음을 터뜨렸다. 30여 분을 울었을까. 나는 아무 말 없이 눈물이 그치기를 기다렸다. 이윽고 여자는 그 자리에서 낙태 사실을 고백하였다.

다시 남자를 불렀다. 남자는 말도 안 되는 소리를 지껄였다. 처음에는 손만 잡고 잤는데 어떻게 임신이냐고, 말도 안 되는 소리를 지껄여댔다. 나중엔 자신은 발기부전이라서 아내와도 잠자리한 적이 없다나? '뭐라니!!' 그러더니 낙태한 아이가 자신의 아이가 아닐 거라는 막말까지 서슴지 않았다. '하…, 이 사람 보게. 참나.'

다시 여자를 불렀다. 남자에 대한 마음이 진심이었는지 물었다. 안타깝게도 여자는 진심인 듯했다. '그 미모에, 그 학벌에, 그 나이에 뭐가 아쉬워서….' 나의 안타까움이 전해졌는지 여자는 조사에 협조적이었다. 이제는 다음 스텝. 남자가 여자를 어떻게 생각하는지, 세상에 나와보지 못하고 지워진 소중한 생명에 대해 남자가 어떤 마음을 가졌는지, 여자의 남자관계까지 의심하고 있다는 얘기를 해주었다. 순간 여자의 낯빛이 어두워졌다. 다음 출석일에는 여자가 친오빠와 함께 나타났다. 친오빠는 여동생이 처벌받더라도 남자가 꼭 벌을 받게 하고 싶다고 했다. 여자는 남자와의 관계를 빠짐없이 진술했다.

남자가 찾아왔다. 또 헛소리를 하기 시작했다. 손만 잡고 잤는데 임신을 했고, 지금 군인인 아들도 그렇게 태어난 아들이라고, 본인은 발기부전이라고. '아, 성령으로 잉태시킬 수 있는 귀한 분을 몰라봐서 죄송합니다.' 진짜 너무 어처구니가 없어서 쳐다보는데, 대뜸 나에게 "미혼이냐?"고 물었다. 내 기혼 여부가 이 조사에서 중요한지 되물었다. 남자는 미혼인 내가 성 기능이 쟁점이 된 이 사안을 잘 처리할 수 없을 거라고 생각하는 듯했다. 남자가 보는 앞에서 가까운 종합병원에 전화해 발기부전 검사 접수를 문의했다. 남성 중요 부위에 링을 꽂고 하루 입원을 해서 검사를 받아야 하는데, 야동도 실컷 보여준다더라, 비용은 내가 내겠으니 당장 입원하자고 했다. 남자는 그제야 고개를 떨궜다.

첫 부임지, 신입 '여경' 팀장이 과연 사건을 잘 처리해낼 수 있을지 다들 내심 평가하고 있었으리라. 그러나 사건을 맡는 순간, 담당자가 '여경'이라는 사실 때문에 달라지는 것은 없다. 그냥 경찰이니까, 수사를 하는 그 순간에는 굳이 여성스러울 이유도 순진한 척할 이유도 없었다. 그 사건을 통해 나는 더 이상 아무것도 모르는 순진한 여성 팀장 취급을 받지 않아도 되었다. 수배를 하고 구속을 시킨 그 어떤 사건보다 이 사건이 기억에 남는 건, 이 사건으로 '신임 여성 팀장'이라는 딱지를 뗄 수 있었기 때문이다.

그리고 17년이라는 시간이 지났다. 안타깝지만, '여성'이라는 수식어는 아직 따라다닌다. 물론 나의 성염색체가 XX인 이상, 여성이란 수식어를 굳이 부정하고 싶지 않고, 부정할 수도 없다. 다만 그 수식어가 '어떤 의미'로 쓰이는지는 예민하게 반응한다. 생물학적 구분 외에 단지 성별로 그 사람의 성향과 능력, 한계를 구분 짓고 차별해서는 안 되기 때문이다.

다행히 경찰의 조직문화도 많이 바뀌었다. 적어도 남경들과 화합하는 양 보이기 위해 시도 때도 없이 술잔을 부딪치지 않아도, 저질 농담에도 태연한 척하지 않아도, 혀짧은 소리로 부탁하지 않아도, 맡은 역할을 다 해내면 충분히 인정받을 수 있다고 조심스레 진단해본다. 이렇게 되기까지 정말 많은 여경 선배들의 희생과 노력이 있었다. 선배들이 그러했듯 나 또한 앞으로도 조직 안팎에서 여경이란 이유로 주목받고, 수없이 많은 평가지와 시험대 위에 올려질 것이다. 그때마다 경찰답게 일하고, 경찰답게 행동할 것이다. '나는 그냥 경찰'이니까. ◈

나는 더
단단해질 것이다

잠만보 • 속 끓는 일도 많지만 긍정적인 방식으로 해결하려고 노력하며, 지속 가능한 페미니스트를 꿈꾼다. 새로운 것을 배우고 도전하기 좋아하는 '프로 취미러'.

학창시절 공부 말고는 별로 떠오르는 기억이 없을 만큼 심심하게 살았다. 무엇이 되고 싶다는 '장래 희망'도 없이 공부만 했다. 대학수능시험을 치른 뒤 재수를 선택한 것도 단지 최선을 다하지 못했다는 아쉬움 때문이었다. 인생은 선택의 연속이라고 하지만, 어느 순간에는 '우연'이 결정적인 역할을 하는 듯하다.

입시 준비를 하면서 생각지도 못한 일로 경찰서에 간 날이 있었다. 민원실은 많은 사람으로 북적였다. 나는 낯선 분위기에 움츠러들어 있었고, 접수대에서 한 여성분이 신고할 내용을 육하원칙에 맞춰 적어오라며 종이 한 장을 내밀었다. 왠지 정성스럽게 써야 할 것 같아 한 글자씩 꼭꼭 눌러 써서 제출했더니, 이번엔 종이를 들고 담당 부서로 가보라며 길을 알려주었다. 담당 부서로 가는 길은 복잡하고 멀게만 느껴졌다. 나는 그곳에서 몇 명의 경찰관을 만났다. 남자 경찰, 여자 경찰도 있었는데 그땐 성별 따위는 보이지 않았다. 그저 내 눈앞에 있는 파란 제복의 경찰관이 내 이야기를 들어주고 있다는 사실에 안도감을 느낄 뿐이었다. 난생처음 경찰서에 다녀온 그날 이후로 나는 새로운 꿈을 꾸게 되었다. 도움을 받고 싶은 사람에게 필요한 역할을 하는 경찰관의 존재가 참 소중하고 멋졌다. 나도 누군가에게 그런 사람이 되고 싶었다. 그렇게 우연하고도 사소한 경험이 나를 경찰의 길로 이끌었다.

경찰대학 합격 소식을 듣고 얼마나 기뻤는지, 마치 세상을 다 가진 것만 같았다. 주위에서도 무척 놀랍다는 반응을 보였다. 생각해보면 그들의 놀라움 속에는 여자가 경찰이 된다는 것에 대한 걱정이 더 컸던 듯하다. 대학을 졸업하며 경찰에 임용되었지만, 입직하고 몇 년이 지나고도 비슷한 말을 듣곤 했다.

"경찰이라고? 너랑 안 어울리는데?"

"범인 잡으려면 미인계를 써야겠네."

"경찰대면 간부급이네? 나이도 어린데."

"아무래도 여자가 하기엔 힘들죠?"

나의 외모와 나이, 성별을 에둘러 말하며 업무수행에 의심의 눈길을 보내거나, 여성 경찰관에 대한 뉴스를 굳이 언급하며 "잘해야 한다."고 가시 섞인 충고를 하는 사람들. 그때마다 아무렇지도 않은 척 대꾸했지만 언젠가부터 처음 만나는 이들에게는 내 직업을 말하지 않게 되었다.

경찰이라는 꿈을 가지게 되었을 때, 어려운 사람을 돕고 보호하는 경찰로서의 내 모습은 상상만으로도 무척 설렜다. 그러나 현실은 달랐다. 나는 임무 수행보다도 여성성을 지우는 일을 먼저 해야 했다. 20대 후반에 서울의 한 지구대로 첫 발령을 받으면서, 길었던 머리를 짧게 잘랐다. 톤이 높은 목소리를 저음으로 내려고, 솔직한 감정을 얼굴에 드러내지 않으려고 노력했다. 여성적인 모습은 의식적으로 자제했다. 각 팀에 여자는 단 한 명, 굳이 남자 경찰관들과 '다른' 존재로 보이고 싶지 않았다. 그래야 더 '경찰'에 어울리는 사람으로 보이리라 싶었다. 하지만 그런 노력들은 별 소용이 없었다.

근무를 시작한 지 약 2주가 지났을 무렵이었다. 택시비를 내지 않고 도망가는 술 취한 손님을 뒤쫓고 있다는 택시기사의 112 신고가 접수되었다. 현장으로 출동해보니, 택시기사는 큰 시비 없이 덩치 큰 남자를 붙잡아놓고 경찰을 기다리고 있었다. 급하게 쫓느라 택시를 길 위에 버려두고 왔다고 하기에, 우리는 술 취한 손님을 순찰차 뒷좌석에 태우고 일단 택시가 있는 곳으로 이동하기로 했다. 그때 내가 그 손님과 함께 뒷좌석에 앉는 게 걱정되었는지 함께 출동했던 사수가 운전대를 잡으라며 내게 차 열쇠를 건넸다. 사실 아직 순찰차 운전석이 낯설고 내 손으로 사이렌을 울려본 적도 없었지만, 애써 아닌 척 사이렌을 울리며 출발했다. 차가 꽉 들어찬 4차선 도로에서 어렵게 차선을 변경하며 이동했고, 비상등이 켜진 택시 뒤에 정차했다. 손님이 택시 기사에게 요금을 지불하는 것으로 현장을 마무리 짓고 나는 지구대로 돌아갈 준비를 했다. 그런데 갑자기 그 손님은 흘깃 우리를 쳐다보더니 "이딴 걸 여경이랍시고 뽑아가지고 참 내, 세금 아깝게!"라고 소리치고는, 초록불이 깜빡이는 횡단보도를 쏜살같이 가로질러 사라졌다. 순식간이었다. 세상에 태어나서 들어본 가장 모욕적인 말이었다. 너무 놀라 아무 말도 하지 못했다. 남자의 얼굴, 지구대로 돌아가던 차 안에서의 무거운 적막을 나는 잊을 수가 없다.

　그날의 적막감은 나에게 화두였다. 막말을 던지고 횡단보도의 점멸신호에 맞추어 도망가버린 그 남자의 말이 가소로워서가 아니다. 다만 이날을 되새기며, '여자 경찰관이라는 이유로 겪는 부당한 상황에 휩쓸리지 말자. 나는 내가 할 일을 당당하게 하면 된다!'고 결심했다. 신고를 받고 현장에 나가면, 정신을 바짝 차리고 상황을 놓치지 않으려고 노력했다. 언제든 공격받을 수 있기에 방어적인 자세로, 제압이 필요한 때를 빠르게 판단하려 했다.

　한번은 자정이 넘었을 무렵, 영업이 끝난 치킨집에서 손님이 나가지 않고 있다는 신고를 받고 출동했다. 경찰이 도착하자 손님은 소리를 지르며 흥분하기 시작했다. 다행히 나를 포함하여 4명의 경찰이 출동했기에, 동료 경찰들과 함께 어렵지 않게 그를 제지하고 현장을 정리했다. 연세가 지긋한 선배경찰관은 지구대로 함께 돌아온 후 내게 지나가듯 한마디 툭 던졌다.

"오 주임, 의외로 제압 잘하던데!"

제압은 다 같이 하고서 왜 나에게만 '의외'라는 말을 하는 것일까. 칭찬인지 아닌지 잠시 헷갈렸지만, 나를 향한 동료의 한마디 한마디가 성장에 밑거름이 된다고 생각했다.

이후 나는 지구대에서 경찰서 수사과 경제팀으로 자리를 옮겼다. 경찰서 수사관이 되어 지구대 순찰팀원과 달라진 점은 형사사건에 있어 송치, 불송치를 결정할 수 있는 권한이 주어졌다는 것이었다. 그 덕분인지 나를 대하는 민원인들의 태도가 조금은 달라졌다. 적어도 '순경 언니', '여자 순경' 같은 호칭으로 나를 부르는 사람은 없었으니까. 그러나 여기서는 막무가내식 무례함 대신 '예의를 갖춘 무례함'을 새롭게 경험하게 되었다.

나이 많은 피의자가 담당 수사관인 나의 조사를 받는 과정에서 "꼭 내 손녀딸 같다."며 묻는 말에 빙빙 돌려 대답한다거나, 자기 아들이 외국에서 돌아온 지 얼마 되지 않았는데 한 번 만나보지 않겠냐며 내 전화번호를 묻는 피의자도 있었다. 한번은 나에게 배당된 사건 고소장에 미비한 부분이 있어, 전화를 걸고 수사관임을 밝히자 고소인의 목소리가 대번 달라졌다.

"딱 보니 미혼이신 것 같은데요, 이 사건은 남성 피의자 여럿을 상대해야 하는 일이니 담당을 남자 경찰관으로 바꿔주시기 바랍니다."

혼인 여부와 수사 능력은 별개라고 대답했지만, 고소인은 미혼 여성 경찰관은 사건을 소화할 수 없을 것이라며 떼를 썼다. 어떤 민원인은 내게는 온갖 쌍욕을 해가며 소리를 지르더니, 나보다 고작 네 살이 많은 남자 수사관에게 수화기를 넘기자 고분고분 대화를 이어나갔다. 남자 수사관은 통화를 마치고 내게 그 사람이 '나름 젠틀하다'고 말했다. 내가 설명할 때는 듣지도 않고 자꾸 아니라던 민원인이, 나와 정확히 똑같은 말을 하는 남자 수사관에게는 고개를 끄덕인 적도 있다. 새롭게 경험하는 이런 황당한 상황에 그저 실소가 나올 뿐이었다.

스무 살에 나를 설레게 했던 '경찰의 꿈'은 아직 진행 중이다. 그때는 '여자'라는 성별이 '경찰로서의 나'를 만들어가는 데 이토록 큰 영향을 미칠 것이라고는 생각하지 못했다. 그렇지만 누군가가 힘들기만 했느냐고 묻는다면, 그건 아니다. 자존심이 상하기도 하고 사람들의 선입견에 상처받을 때도 있지만, 그때마다 '나는 더 단단해질 거야'라고 다짐한다. 내 모습 이대로, 더 멋지고 당당한 경찰로서 성장하는 것이 나의 목표이다. ◆

여경은 반드시
열정을 증명해야 하지

강승연 • 5년 차 경찰관. '삐약 순경'에서 어딜 가나 인정받는 '일잘러' 경찰이 될 때까지, 경찰청 온갖 부서를 종횡무진 누비고 있다.

저마다 직업 선택 이유가 다르듯이, 14만 명의 경찰이 모두 영웅이 되고 싶어서, 희생과 봉사의 삶만을 생각하며 경찰이 되지는 않았을 것이다. 그런데도 여경은 어떤 이유로 경찰이 되었든지 간에 욕을 먹는다. 여경은 '공무원이 되고 싶은데 다른 직종은 어려우니 만만한 경찰직을 타깃으로 삼은 사람'으로 치부되곤 하는데, 그렇게 보이지 않으려면 일하는 내내 희생을 각오한 열정으로 가득한 사람이라는 것을 증명해야 한다. 여성이기 때문에 직업 선택의 이유마저 폄하될 때면 좀 억울한 생각이 든다.

경찰이 되겠다고 마음먹은 것은 말 그대로 어느 날 갑자기였다. 대학에서 심리학을 전공하던 나에게 엄마는 공무원이 되라고 했지만, '내 인생에 가장 가능성 낮은 직업이 공무원'이라고 생각했다. 그러던 중에 어떤 결심으로 경찰이 되겠다고 선언하고는, 3년간 영어 강사로 일하며 쌓은 경력을 접고 시험 준비에 돌입했다. 경찰 시험에 최종 합격한 것은 26살의 겨울이었다. 매일 새벽 5시 20분에 기상해서 밤 11시에 잠들 때까지 공부만 한 지 10개월 만이었다. 긴 머리를 짧게 자르고 휴대폰은 사물함에 넣어두고, 좋아하던 술도 끊고 하루도 빠지지 않고 학원에 나가는 나를 보며 엄마는 '뭐에 씌인 사람' 같았다고 했다. 내가 절실하게 경찰이 되고자 했던 것은 어릴 적 꿈이 되살아났다거나, 세상을 정의롭게 만들고 싶은 의협심이 불타올라서가 아니었다. 심리학 전공자로 내내 관심을 두고 있던 범죄심리학을 현장에서 직접 범죄와 관련된 업무로 연결해보고 싶은 마음이 불씨가 되어 일어난 것이다.

거창한 포부는 아니지만 범죄심리학에 대한 작은 관심이 나를 경찰로 자연스럽게 이끈 셈이다. 물론 쉽지 않은 길임을 알고 있었다. 경찰이란 직업이 남자에게도 마찬가지이지만 여자에게는 더더욱 녹록지 않음을 깨닫고 각오를 단단히 다졌다. 험하고 거친 일을 수시로 접하고, 범죄자와 피해자를 만나는 일이 일상인 직업 특성상, 여성이 굳이 경찰이 되려고 마음먹을 때는 단순히 '안정적인 직업이 필요해서'라기보다 더 큰 이유가 있기 때문이다. 나의 경우처럼.

면접시험을 준비하면서 경찰 박물관을 방문한 적이 있었다. 그곳에서 한 층 벽면을 빼곡히 메운 순직 경찰 영웅들의 이름과 순직 사유를 보면서 울컥했다. 누군가를 구하다가, 교통사고 사후 처리 중에, 혹은 총격 사건으로 순직한 경찰들의 이름을 하나하나 더듬어보면서 마음 깊이 내가 과연 누군가를 위해 희생할 수 있을지 자문했다. 단순한 직업 선택이 아니라 내 삶을 경찰조직에 투신할 수 있을지 고민한 첫 번째 순간이었던 거 같다. 면접장에서 이때 기억을 떠올리면서 나는 이렇게 말했다.

"내가 남을 위해 희생할 수 있을지 모르겠다. 다만 내 눈앞에 위험에 처한 누군가가 나의 가족이고 친구라고 생각한다면, 그냥 내 몸 하나 던져 누군가의 가족일지도 모르는 단 한 명의 소중한 삶이라도 살릴 수 있다면, 나 하나쯤 희생할 수 있을 것 같다."

그때 그 마음은 진심이었다. 그러나 경찰이 되고 나서 그러한 각오를 다질 겨를 없이 여러 상황과 맞닥뜨리며, 여경과 경찰 사이에서 자주 길을 잃곤 했다. 중앙경찰학교 시절, 동기들과 어울리며 찍은 사진을 SNS에 올리면 여경은 외모 평가 등 성적 대상화가 되기 일쑤였다. 남자 동기가 의무위반을 하면 전체가 교육 대상이 되지만, 여자 동기가 위반하면 여경만 교육을 받았다. 여경임을 의식해야 하는 순간마다 기운이 쭉 빠졌다. 지구대 발령을 받고 난 뒤에도 별반 다르지 않았다. 내가 충분히 할 수 있는 일에도 '여경이니 빠져 있으라'는 말을 숱하게 들었다. 조직 안에서 나는 여성으로 남을지, 동료로 남을지 늘 선택의 기로에 선 느낌이었다. 그들이 나를 동료로 인정해주지 않으면 나는 여성으로 잘 보여야 그들의 세계에 끼어들 수 있었다. 무성으로서 동료가 되던가, 여성으로서 잘 보이던가, 둘 중 하나였다.

첫 근무지인 지구대에서 나는 동료로 남기 위해 죽어라 일했다. 내가 맡은 일 말고도 모두가 하기 싫어하는 일을 늘 자청했다. 내 '여성성'을 이용하는 사람들의 말 같지도 않은 요구를 들어주기도 했다. 가령 팀장님께 '애교'를 부려 식사 메뉴를 햄버거 따위로 유도해보라던가, 너를 이뻐하는 경위분께 말을 잘 좀 해달라던가, 등. 이렇게 '미움받지 않기 위해, 혹은 그들의 세계에 끼어들기 위해' 뭐든 열심히 하긴 했지만, 내가 열심히 하는 방향은 남경과 분명히 차이가 있기에 늘 무언가 찜찜했다.

그런데 어느 날 문득 이렇게 열심히 노력하는데도 왜 나는 팀원들과 섞이지 못하고 겉도는지 의문이 들었다. 알고 보니 팀원들은 팀장님이 이제 막 발령받은 시보 여경인 나에게만 일을 자세히 알려주고, 실수해도 용납받는 게 불만이었던 듯했다. 무슨 특혜라도 받는 양, 내가 여경이어서 팀장님이 이뻐하는 거라는 수근거림을 듣기도 했다. 내가 그런 뒷말을 듣고 있으리라고는 전혀 상상하지 못했다. 그들 눈에는 부당한 대우를 받는 내가 전혀 보이지 않았던 것일까. 눈화장이 진하다고 지적받고, 교대시간에 잠깐 얼굴을 보는 와중에도 여경끼리 모여 있으면 욕먹으니 반갑게 인사하지 말라는 소리를 듣고, 팀원 모두 다 같이 퇴근했는데 나만 불려가서 추궁받은 일들…. 한 선배는 자신의 말을 무시했다며 지구대 안 사람들이 무안할 만큼 큰소리로 꾸중을 하기도 했다. 게다가 팀의 유일한 여경이어서 여성과 관련된 모든 신고는 내가 반드시 지원을 나가야 했다. 대기 시간에도 불려 나오기 일쑤, 그렇게 남경보다 서너 건 이상 더 뛰며 일한 내가 뒤에서는 욕을 먹고 있었다니! 나는 마음에 깊은 상처를 입었다. 이러나저러나 나는 여경이란 이유로 완전히 조직에 융화되지 못할 거라는 생각이 들었다.

그런 마음고생이 아니라면 지구대 일은 나와 잘 맞았다. 경찰이 되기 전에도 손님과 말씨름 중인 억울한 아르바이트생 편을 들어주거나, 지하철에서 성추행당한 여성을 도와 신고처리를 해준일이 있었다. 인과관계를 따지는 일을 좋아하고 생판 남의 일에도 관여하는 것을 서슴지 않는 성격의 신임 경찰로서, 나는 매뉴얼에 갇히지 않고 적극적으로 일을 해결했다.

신고를 받고 나간 현장에서, 내 머리채를 쥐어뜯고 남경 두명을 발로 차 날려버린 여성이 있었다. 내 머리카락 한 뭉치를 증거물로 제출했지만, 지구대와 형사과에 여경이라곤 나뿐이어서 내가 계속 조사를 해야 했다. 들어주자는 심정으로 꾸준히 대화를 나누어 나름 '라포(Rapport building, 상대방과 형성되는 친밀감 또는 신뢰관계)'가 형성됐는지 나중에 그녀는 '언니 많이 아팠지? 미안해'

라며 자신이 아껴 모은다는 세일러문 스티커를 선물해주었다.

　한 번은 옆집에서 '살려달라'는 소리를 들은 것 같다는 신고가 들어와 출동했다. 집 안에 사람이 있는 것은 분명한데, 위험 상황 여부가 확실하지 않아 고민이 되었다. 순간적인 판단으로 바로 윗집으로 뛰어 올라가 협조를 구했다. 집집마다 이어진 화장실 배수관을 통해 아랫집과 의사소통을 시도했는데 다행히 여성의 목소리가 들렸다. 아기 혼자 거실에 놔둔 채 화장실 안에 갇혀 있었던 것이다. 현관 비밀번호를 물어 문을 부수지 않고 들어가 무사히 모녀를 구조했다.

　조현병이 있는 아들이 칼을 들고 아버지가 몸으로 막고 있다는 신고에 순찰차 3대가 출동했는데, GPS가 정확히 잡히지 않았다. 우왕좌왕하던 중 내가 먼저 방향을 제대로 잡아 "이쪽입니다!" 하고 알려주고, 현장에 도착했을 때는 솔직히 조금도 겁나지 않았다. 다른 경찰들이 오기 전까지 대치 중인 아들을 설득하여 아버지와 조심스레 분리시킬 때는 내가 여경인지, 남경인지 따위는 생각할 틈이 없었다.

　좁은 화장실에서 팬티까지 벗고 술 취해 쓰러진, 키 170cm는 족히 넘어 보이는 여성을 혼자 둘러업고 땀을 삐삐 흘리며 계단을 내려올 때도, 쓰레기장 같은 집 안에서 욕설을 퍼부으며 폭력적인 성향을 보이지만 여경하고만 얘기하겠다고 하는 여성분을 혼자 상대할 때도, 뿐만 아니라 외국어를 할 줄 안다는 이유로 외국어 관련 업무에 지원될 때에도 두렵다거나 불만을 품기보다는 나를 필요로 하는 곳에 있다는 게 행복했다.

신임 순경 딱지를 떼고 지구대와 본청 내근직 모두 근무해본 나는 다시 지구대 근무를 자원했다. 지구대에서는 '내가 아는 여경 중에서 가장 잘한다'라는 칭찬을 들었고, 내근직에 있을 때는 '내가 아는 경장 중 가장 일 잘한다'라는 칭찬을 들었다. 조직 내에서 칭찬받으려 애쓴 적도 있지만, 어느 순간부터 내가 최선을 다하고 있다는 것은 누구보다 나 자신이 가장 잘 알고 있기에, 다른 사람의 인정을 받을 필요가 없다는 것을 깨달았다.

이제 '여경 중에 가장 잘한다'라는 말은 더 이상 칭찬이 아니다. 혹은 '여경한테 그러시면 안 된다'라고 짐짓 여경 편을 들어주는 체하거나, '너는 여경이니까 빠져'라는 편협한 배려는 더더욱 도움이 되지 않는다. 내가 유일하게 지구대에서 동료라고 느끼는 순간은 나를 '똑같이' 대해주는 사람을 만났을 때이다. 여자와 남자가 다르다는 차이는 인정하되, 차별하지 않을 때, 비로소 나는 '여경'이 아니라 '경찰'이 된다.

여경이 여럿 모이면 자연스레 차별에 대한 이야기를 나누게 된다. 얼마나 부당한 차별을 받았고, 어떤 성희롱을 당했는지 이야기하며 분노한다. 그런 차별에도 불구하고 왜 경찰조직에 남아있는지 물으면 대부분 비슷하게 답한다. 우리 사회에 여경이 없으면 안 된다는 것! 지구대에서 여경은 기본적인 치안 수요를 감당하는 것 외에 여성 피해자와 가해자 관리, 아동청소년 보호에 결정적인 역할을 할 뿐 아니라 업무, 행정절차 상에 공정성을 높인다. 경찰 조직 내 공적인 의사결정과정에 여성의 의견이 없다는 것은 시민 절반의 의견이 무시된다는 뜻이기도 하다. 여경이 '여성을 대변한다'는 것은 우리 사회에서 엄마, 여자친구, 딸과 같은 다양한 층위의 의견이 반영된다는 것과 같다. 나 또한 지구대와 경찰서에서 또는 각 시도청에서, 사건처리 과정 중 여성에게 꼭 필요한 부분들이 배제되는 것을 직접 목격했다. 내가 이 조직에서 나갈 수 없는 또하나의 이유가 여기 있다.

'여경이 일을 못 하는 게 아니라 경찰 중에서 간혹 일을 못 하는 남경 또는 여경이 있을 뿐이다'라는 것은 앞으로 시간이 지날수록 더더욱 증명될 것이다. 여경은 더 열심히 일하고 그만큼 당당하게 목소리를 낼 테니 말이다. 그러니 여경이 왜 경찰이 되었는지 궁금해하지 말라. 섣불리 무시하지 말고, 또 어설픈 배려로 대변하지 않으면 좋겠다. 있는 그대로 받아들여 주는 것만이 여경이 경찰이 되는 유일한 방법이다. ◈

연대 그리고
제복의 힘 덕분에, 다시!

이선영 • 172cm 65kg, 9년 차 경찰. 논란이 된 '대림동 여경'의 주인공이지만, 실제는 구로동 경찰이다. 이 일로 경찰의 인권이야말로 시민들이 함께 지켜주는 것임을 실감했다.

2019년 5월 어느 날 밤이었다. 야간근무조였던 나는 여느 때처럼 장비를 챙기고 조장인 주임님과 순찰차에 올랐다. 구로구 관할 지역으로 향하는데 쉴 새 없이 신고 울림소리가 들려왔다. 신고 하나 처리하고 순찰차로 돌아오면 또 울리고 또 울리기를 반복했다. 야간근무는 자정 넘어 새벽까지 늘 정신이 없다. 길가에 널브러져 있는 주취자, 술값 안 내고 버티는 취객, 폭행 시비, 여느 집의 가정폭력 신고 등, 쏟아지는 신고에 어느 때는 내 관할이 아니더라도 출동하게 된다.

그날도 관할 지역이 아닌 곳에 신고를 받고 갔다. 양꼬치 가게, 문 닫을 시간이 넘었는데 손님이 안 나간다, 술값을 내지 않는다고 했다. 야간에 많이 들어오는 신고 중 하나이다.

'아, 또 주정뱅이 양반들이 돈 안 내고 버티나 보네. 살살 달래 술값 내고 집에 보내야겠다.'

주취자 관련 신고를 받을 때마다 늘 비슷한 생각을 한다. 그들을 자극하면 금방 마무리될 신고도 지체되고 피곤해지기 때문이다. 현장에 순찰차를 세우고 주임님과 양꼬치 가게로 들어섰다. 한 테이블 말고는 손님이 없었다. 가게 주인은 자리를 치우느라 정신이 없어 보였다. 테이블에는 50대로 보이는 남성 두 명이 술에 취해 중국말로 떠들고 있었다. 주인은 두 손님이 영업이 끝났는데도 돈도 안 내고, 안 나가고 있어서 112신고를 했다고 했다. '경찰이 돈 받아주는 사람도 아닌데, 이게 신고할 만한 사안인가.' 속으로 생각했다. 출동이 불필요한 신고들 때문에 자칫 정말 위험한 신고를 놓치게 될 수도 있다.

"손님들이 계산하고 나가기만 하면 되는 거죠?"

나는 이렇게 말하면서 테이블로 다가갔다. 그러고는 두 남자에게 말했다.

"술 다 드셨으면 이제 일어나세요. 걸어갈 수 있으시죠? 술값 계산하고 집에 가시면 됩니다."

그러자 두 남자는 내 말은 들은 체 만 체 주먹으로 테이블을 내리치면서 고함을 질렀다. 사실 이런 상황에 부닥치면 순간적으로 소위 '쫄린다'고 해야 하나, 재수 없이 뾰족한 나무 꼬치나 주먹이 날아오지 않을지, 짧은 순간 오만 가지 생각이 든다. 하지만 제복의 힘 덕분에 다시 당당하게 목소리를 높인다.

두 남자가 내 요청에 따르지 않고 계속 위협적으로 행동하자, 주인과 얘기하던 주임님이 다가와 강하게 주문했다. 그제야 말귀를 알아들었는지 주섬주섬 지갑을 열어 계산하고는 문 쪽으로 걸어갔다. 가게 문을 나서자마자 두 남자는 주임님을 툭툭 치며 시비를 걸었다. 내가 '공무집행방해가 성립될 수 있음'을 경고하자, 갑자기 한 남자가 주임님의 얼굴을 가격했다.

일은 순식간에 벌어졌다. 주임님이 폭행을 가한 남자를 공무집행방해로 체포하려 하자 남자가 거칠게 저항했다. 쏜살같이 도망가는 남자를 주임님이 뒤따라가 제압하는 사이, 나는 다른 한 남자도 체포해야 한다는 생각이 들었다. 남자에게 체포의 이유를 설명하며 실랑이를 벌인 끝에 좁은 인도에 엎드리게 하여 무릎으로 허리를 눌렀다. 조끼에서 수갑을 꺼내 뒷수갑을 채우려 했지만 남자가 몸부림쳐 여의치 않았다. 순간 가게 안에 있던 한 남자가 눈에 띄어 도움을 요청했다. 마침 양꼬치 가게 앞을 지나가던 교통순찰차가 현장을 목격하고 급히 차에서 내려 수갑 채우는 것을 도왔다.

두 남자 모두 공무집행방해로 체포되었다. 사건을 지구대에 인계한 뒤, 여주인이 당시 상황을 휴대폰으로 찍고 있었던 것이 생각나 가게를 다시 찾아갔다. 영상을 확보해 공무집행방해 증거로 제출하기 위해서였다. 주인은 자신이 영상을 찍어서 다행이라고 했다. 영상을 건네받고는 휴대폰에서 영상을 지워달라고 부탁했다. 경찰이 폭행당하는 모습이 누군가의 휴대폰에 남아있다는 자체가 자존심 상하기 때문이었다.

며칠 뒤 휴무일이었다. 집 근처 헬스장에서 운동하던 중 동료 직원의 문자를 받았다. '모 사이트에 어떤 영상이 올라왔는데, 네 모습이 나온 것 같아. 댓글 분위기도 좀 이상하다.' 보내준 링크를 클릭해보았다. 영상 속엔 분명 내가 있었다. 양꼬치 가게에서 두 남자를 공무집행방해로 체포하던 그날의 모습. 무음으로 20여 초도 안 되게 편집한 영상 속에서 남성 경찰은 취객에게 얼굴을 가격당하고, 나는 두어 걸음 뒷걸음질 친다. 마치 도망가는 듯한 분위기였다. 영상 아래 달린 댓글은 잔인했다. 한 번도 상상해보지 못한 더럽고 끔찍한 말들이 나를 향해 있었다. 머릿속이 하얘졌다. '영상을 가진 사람은 가게 주인뿐인데, 분명히 삭제해달라고 부탁했는데…'

영상은 SNS와 각종 사이트, 유튜브에 도배되다시피 했다. 댓글은 나를 포함해 여성 경찰, 나아가 여성 혐오로 번지고 있었다. 처음엔 내가 뒷걸음질 치는 모습을 들먹이며 '도망가는 여경'이라고 하더니, 나중에 목소리가 나오는 전체 영상이 공개되면서 '수갑을 시민에게 채우도록 시키는 정신 나간 여경'이라는 비난이 쏟아졌다. 모두 사실이 아니었다. 나는 도망치지 않았고, 수갑을 시민에게 채우라고 지시하지 않았다. 체포를 돕던 교통경찰과 나, 여주인의 목소리가 뒤엉킨 상황을 교묘하게 조작한 것이다. 사건 장소는 '구로동'이었지만, 위험한 동네라는 인식이 강한 '대림동'으로, 40~50대의 두 남자는 술 취한 '노인'이라고 한 것도, 여경의 무능함을 극대화하기 위한 조작이었다.

술에 취한 사람의 행동은 예측할 수가 없다. 제풀에 넘어지기 일쑤고 맨정신일 때보다 힘이 엄청 세지기도 한다. 경찰은 기본적으로 방어 대응을 한다. 잘못하면 주취자가 다치는 등 과잉대응 문제가 발생하기 때문이다. 체포 시에도 피의자의 안전을 고려하여 삼단봉이나 테이저건 같은 무기를 최대한 자제한다. 맨손 체포가 기본이다. 보통 한 명의 주취자를 제압하는 데는 경찰 두 명이 나서는 경우가 많은데, 한 명이 제압하고 다른 한 명이 수갑을 채우는 식이다. 남경, 여경의 능력의 문제가 아니라 주취자와 경찰을 폭행하는 사람을 강력하게 대처하지 못하는 현실을 돌아볼 필요가 있는 것이다.

결국 이 사건은 '대림동 여경'이라는 제목으로 언론방송 뉴스와 시사프로그램 등에 보도되었다. 공중파 방송 또한 가짜 뉴스를 그대로 인용, 논란을 부추겼다. '무능한 여경', '여경 무용론', '여경 존폐론'으로 확대되며 대한민국이 떠들썩했다. 악플러들은 물 만난 고기처럼 나와 여경에 대한 혐오 발언들을 쏟아냈다. '저년 자살할 때까지 지켜본다.' '피떡갈비될 때까지 존나 패 죽이고 싶다.' '차라리 개가 낫겠다.' 등. 온갖 조롱과 비난으로 뒤범벅된 끔찍한 댓글들은 영원히 내 머릿속에 박제되어 남았다.

나는 벼랑 끝으로 내몰렸다. 이 상황을 어떻게 받아들여야 할까? 영상을 보고 먼저 분노해야 할 지점은 대한민국 경찰관을 폭행하고 공권력에 대항하는 두 남자에 있지 않을까? 여성 경찰을 향한 극렬한 분노는 어디에서 시작된 것일까? 남녀 갈등을 조장하고, 여성 혐오를 부추기는 이들, 조회수를 올려 돈을 버는 유튜버들의 교묘한 가짜 뉴스에 우리 사회가 휘말리는 상황에 무력감을 느꼈다.

사건 이후 나는 한동안 텔레비전을 켜지 않았다. 뉴스 검색도 하지 않았다. 텔레비전을 켜면 내 모습이 나올 거 같고, 뉴스 창 검색어 1위에 '대림동 여경'이 떠 있을 것만 같았다. 밖에서 사람들과 어울리며 일할 때는 좀 덜했지만, 퇴근해서 집에 혼자 있게 되면 여지없이 마음이 푹 가라앉았다. '내 관할도 아니었는데 왜 그날따라 내가 거기에 갔던 것일까'라는 부질없는 후회와 함께.

자책감보다 더 힘들었던 것은 현장에서 근무하는 동료 여경들에 대한 미안함이었다. 남경 한 사람의 잘못은 당사자 1인으로 끝나지만, 여경 한 사람은 곧 여경 전체를 대표하는 게 현실이기 때문이다. 그 사건으로 인해 여경들은 신고 현장에서 눈치를 봐야 했고, 전과는 다르게 집중되는 시선에 긴장한다고 했다. 남자 경찰관 옆에 서 있으면 영상이 찍혀서 어딘가에 올려져 돌아다닐 것만 같다고, 교통사고 현장 조치 후 인도에 잠깐 서 있을 때조차 여경 혐오자들에게 목격되어 '대림동 여경'처럼 되는 건 아닌지 사방을 돌아본다고도 했다.

그런데도 많은 동료 경찰들이 나에게 따듯한 위로와 격려를 보내주었다. 특히 여성 경찰 모임인 '젠더연구회'가 발표한 입장문을 여러 번 읽으며, 혼란스러운 감정을 정리할 수 있었다. 같은 경찰이지만 일면식 없는 여경 동료들이 보내준 메시지는 단순히 나에 대한 옹호가 아니었다. '공권력 경시'라는 사건의 본질을 명확히 짚어내며 여성 경찰에 대한 비하, 혐오를 멈추라는 이성적인 호소였다. '당신의 잘못이 아니라 여성 혐오가 잘못된 것이다.' 여러 매체에서 그날의 진실을 밝혀주었지만 곧 묻혀버린 것처럼, 호소문 역시 잊힐 테지만 혐오를 말하는 사람들에게 잘못을 말해주는 동료들 덕분에 나는 자책에서 벗어나 비로소 일상의 자리로 다시 돌아올 수 있었다.

매일 아침, 나는 거울 앞에서 제복 입은 나와 마주하며 하루를 시작한다. 세상은 잠잠해진 듯 보인다. 하지만 내가 받은 치욕과 모멸감은 지워지지 않을 것 같다. 남녀 젠더 갈등이 끝나지 않는 한, 여경에 대한 비난과 혐오도 멈추지 않을 것이다. '여경'이란 말에 차별과 혐오의 프레임이 씌어 있는 한, 가짜 영상과 가짜 뉴스에 언제라도 제2의 대림동 여경이 나올 수 있다. 지난 기억을 떠올리면서 힘든 감정이 올라오긴 했지만, 여경에 대한 인식과 근무 환경, 이를 극복하기 위해 각자 다른 위치에서 노력하는 많은 분들을 위해 이 글을 남긴다. ◆

2장

내가 먼저
정의가
되어야
했어

고맙다, 스물둘의
이지은!

이지은 • 여성과 사회에 관심 많다. 변호사, 범죄학과 사회학 석사, 법심리학 박사를 취득했으며, 다양한 스펙과 현장 경험을 통해 경찰의 정책부서와 현장 지구대의 연결을 고심 중이다.

서지현 검사가 성추행 피해 사실을 폭로해 우리 사회에 미투 운동이 촉발된 지 벌써 4년이 지났다. 그 이후 정치, 예술문화, 체육계에서 비슷한 폭로가 이어졌고, 이들의 용감한 발언에 대한 지지 선언도 계속되었다. 이 소식을 접할 때마다 아련하게 떠오르는 한 사람이 있다. 바로 스물두 살 이지은, 젊은 날의 '나'이다.

경찰대 3학년 때였다. 현장 실습에 나간 나는 파출소장에게 강제추행을 당했다. 나이 지긋한 그는 '딸 같은 실습생'이라며 어디를 가든 나를 데리고 다녔다. 실습 나간 지 나흘째 되던 날, 저녁을 사주겠다며 데려간 간 곳에서 그는 나를 추행했다. 나는 울면서 그곳을 도망쳐 나왔고, 다음날부터 실습을 나가지 않았다. 실습 기간이 끝나고 지도 교관에게 이 사실을 전했다. 지도관은 처음에는 나를 위로하는가 싶더니 내가 정식으로 문제 삼겠다고 하자 안색이 변했다. 태도가 돌변한 지도관의 말은 황당했다.

"너도 좋아서 따라간 거 아니야?"

"네?"

"모르는 사람에게 붙잡혀 강간당한 게 아니라면 여자 잘못도 있다."

전형적인 피해자 유발론이었다. 내가 잠자코 듣기만 하자 더한 말을 쏟아내기 시작했다.

"이 일을 문제 삼으면 너도 근무지 이탈로 퇴학당할 수 있다. 설령 퇴학은 아니더라도 너는 까다로운 사람이라는 꼬리표가 붙어 조직 생활하기 힘들 거다."

협박성 발언은 여기에서 그치지 않았다.

"네가 행실을 바르게 하지 못해 이런 일이 벌어진 것이니, 너는 경찰대학 전체 여학생의 명예를 훼손한 것과 마찬가지야!"

그 순간 무언가 무너져내리는 듯했다. '피해자는 나인데, 이 사람들은 지금 나 때문에 다른 사람들이 피해를 본다는 말을 하는 거야? 내가 무슨 잘못을 했기에 이런 인격적 명예살인과 같은 말까지 들어야 하지?'

서른이 조금 넘은 지도 교관은 같은 여성으로서 왜 그렇게 험한 말을 쏟아낸 것일까. 무엇이 두려운 것일까. 진정으로 나를 위해 그런 이야기를 한 것일까. 아니면 자신에게 관리책임이 따를까 봐 내게 목소리를 내지 말 것을 요구한 것일까. 머릿속이 복잡했다. 경찰대학에서 지도 교관과 학생은 완벽한 권력 관계이다. 내가 교관의 말을 듣지 않는다면, 나의 남은 학교생활이 순탄치 못하리라는 것은 분명했다.

　　나의 문제 제기는 수개월 간 가려져 있었다. 윗선에서 어떻게든 무마하려는 시도가 이어지자 지쳐버린 나는 '나만 조용히 있으면 모든 게 잘 끝날 텐데…', 나아가 '진짜 내가 잘못한 건가?'라는 생각마저 들었다. 하지만 내 안에서 계속 나를 두드리는 소리가 있었다. '내가 경찰이 되어 성폭력 피해자를 만난다면, 그런데 그가 피해 진술을 꺼린다면, 나는 그에게 계속 용기를 낼 것을 바라지 않을까? 당신이 용기를 내어야 앞으로 이런 일이 또 발생하는 것을 막을 수 있으니, 지금 좀 힘들더라도 용기를 내주시기 바란다고, 이렇게 이야기하지 않을까.' 정의로운 경찰이 되려면 내가 먼저, 스스로 정의를 지키는 것이 우선이다. 내가 용기 내지 않는다면 누군가 또 피해를 볼지도 모를 일이다. 무엇보다 나는 나쁜 사람 혼내주려고 경찰이 되고 싶었던 것이 아닌가!

　　갈등과 혼란 속에 시간이 한참 흘렀지만 스스로에게 떳떳한 경찰이 되고 싶었던 나는 결국 그 파출소장에게 죄를 묻기로 했다. 당시 강제추행죄는 친고죄라 사건 발생 6개월이 지난 후에는 고소를 할 수 없었다. 이미 시기를 놓쳐버린 나는 고소 대신 내부 징계를 요구하기로 했다. 다행히 나는 뼛속까지 예비 경찰관이었다. 사건 당일 울면서 그 자리를 뛰쳐나왔지만, 숙소로 돌아와 정신을 차리고는 시간대별로 어디서 무슨 일이 있었는지를 자세하게 적어두었다. 가해자에게 전화해서 '미안하다'라는 취지의 진술도 녹음해두었다. 경찰청 감찰부서에서 조사를 받은 그는 바로 해임이 되었다.

간단한 과정처럼 보이지만 쉬운 일은 아니었다. 당시만 해도 성범죄 피해자에 대한 인식이 없었던 시절이었다. 피해자로 불려가 감찰 조사를 받으면서 조사관으로부터 "네가 내 여동생이었으면 널 혼냈을 거야."라는 이상한 설교를 들어야 했고, 가해자와 피해자 격리도 제대로 이루어지지도 않아 가해자가 나를 쫓아 집까지 따라오기도 했다. 게다가 그는 해임된 후 나를 무고죄로 고소했다. 끝까지 해보자는 생각에, 나는 '강제추행에 대한 손해배상 청구 소송'을 진행했다. 그 결과 나에 대한 무고죄는 결국 불기소로 끝났고 가해자는 '다시는 이 사건으로 문제를 제기하지 않을 것'이며 '소송비용 등을 내겠다'며 소취하를 요청했다. 그렇게 나는 민사상 합의를 해주었고 사건은 마무리되었다.

하나 빠뜨린 이야기가 있다. 부모님께서 아시면 속상해하실까 봐 이 일을 비밀에 부쳤는데, 어쩌다 알게 되셨다. 어머니는 답답한 마음에 친척 어른을 따라 점집에 갔다가 "지금 지은이가 송

사에 휘말리면 큰 화를 당한다."는 이야기를 들었다고 한다. 그 말에 흔들리지 않을 부모는 없을 것이다. 어머니는 이쯤에서 소송을 그만두는 게 어떠냐고 넌지시 물으셨다. 나는 그럴 생각이 조금도 없었다. 어떻게 하면 어머니의 불안한 마음을 누그러뜨리고 소송을 계속할 수 있을지 고민하던 나는 어머니와 함께 그 점집을 찾아갔다. 내심 뭐라 하는지 들어보고 단단히 따질 생각이었다. '선생님'이라고 불리던 그는 내 사주팔자를 짚어보더니 내 얼굴을 빤히 바라보았다. 나는 입술을 앙다문 채 다음 말을 기다렸다. "사주에는 지금 소송하면 좋지 않다고 나오지만 네 기운이 매우 좋으니 하고 싶은 대로 해라." 그는 사주보다 사람의 기운이 더 중요하다고도 했다. 나는 타고난 운명보다는 그 사람의 의지가 더 중요하다는 말로 알아들었다. 어머니도 조금은 안심하시는 듯했다.

나쁜 사람을 혼내주는 일이 어려운 것은 두려움 때문이다. 어렵게 들어간 경찰대학에서 퇴교당할 수 있다는 말, 아직 시작도 안 한 경찰 생활이 힘들어질 수 있다는 말, 소송을 하면 큰 화를 당할 수 있다는 말. 그리고 계속되는 2차 피해들. 예상되는 피해 앞에 두려움은 점점 커질 수밖에 없었다. 그러나 내가 미래에 만날 피해자들 앞에서 부끄럽지 않은 경찰이 되려면 어떻게 해야 하는지 나 자신에게 묻고 또 물었다. 그리고 내가 내린 결론은 '정의를 지키는 것'이었다. 경찰관으로서 당당하게 살아가는 오늘의 나를 있게 한 스물둘의 이지은, 기특하고 고맙다. ◈

면접장에서 선보인
뒤돌려차기

민새롬 • 합기도와 유도, 태권도, 특공무술 등 합계 15단의 유단자. 경찰이 되고 싶어 무도를 시작했으며, 삶에서 무술은 절대 빠질 수 없다. 앞으로 무도 경찰 이야기는 계속된다.

처음 경찰이 되어야겠다고 생각한 건 중학생 때였다. 어느 날 어른이 되면 나는 무슨 일을 하고 있을까, 미래의 내 모습을 그리다가 범인을 제압하는 경찰을 떠올렸다. 그리고 합기도 도장에 다니기 시작했다. 거리를 지나다 합기도 학원 간판에 쓰인 '경찰 지정 체육관'이라는 글귀를 보고는 "저거다!" 했던 것이다. 우연한 선택이었지만 합기도는 낙법, 발차기, 기계체조, 호신술, 무기술을 다루는 종합무예였다. 생각해보면 경찰 업무에 딱 필요한 무술이었다.

체육관을 다니기 시작하면서 또래 친구들과 함께 땀 흘리며 운동을 했다. 승부욕이 강했던 나는 기술을 만족할 만큼 습득할 때까지 연습하고 또 연습했다. 금요일마다 하는 체력단련 훈련은 '공포의 금요일'이라 부를 만큼 강도가 높았다. 숨이 턱까지 차오르고 구역질이 날 정도였다. 힘들면 포기해도 되었지만, 매번 끝까지 해냈다. 지금의 강인한 정신력과 체력, 승부욕은 이때부터 다져진 듯하다.

고등학교에 진학한 뒤에는 태권도와 합기도를 했던 친구들과 무도 동아리를 만들었다. 동아리 친구들과 정기적으로 모여 훈련을 했다. 우리를 눈여겨본 선생님들이 체육대회 등 학교 대내외 행사에 시범 공연을 하도록 해주셨다. 합기도 세계선수권대회에 나가기도 했다. 대회에 출전한다는 것은 실전에서 내가 배운 것을 잘 활용하는지, 어떻게 반응하는지 시험하기 좋은 기회였다. 승패와 상관없이 내 실력을 조금 더 키우고 발전할 수 있는 계기였다. 대학생이 된 뒤에도 나의 무도 생활은 계속되었다. 태권도와 특공무술, 유도 등 다른 무술을 연마하면서 여러 대회에 출전했다. 중학교 때부터 대학교까지 대부분의 학창시절 동안 운동이 빠진 적은 없었다. 더 어린 나이에 시작했다면 운동선수로 진로를 잡았을지도 모르지만, 내 마음 깊은 곳에는 경찰의 꿈이 자라고 있었다.

경찰 시험을 준비하면서 잠시 운동을 쉬게 되었다. 집 앞 독서실에서 인터넷 수험강의를 들으며, 짬짬이 근처 운동장에서 가볍게 체력단련을 했다. 첫 번째 필기시험에서 실패한 뒤로는 불안한 마음에 공부에만 집중했다. 어쩌면 내 삶에서 가장 정적인 일상을 보내던 시기가 아닌가 싶다. 그토록 운동을 좋아하는 내가 독서실에만 박혀 있는 게 안쓰러웠던지, 어머니는 경찰 포기하고 다른 직장에 다녀보는 건 어떠냐고 했다. 나는 "할 수 있다. 할 거다. 괜찮다."라고 말했다. 내내 만류하던 어머니는 그러면 마지막으로 한 번만 더 해보라고 했다. 그 '마지막'이라는 말이 이상하게 신경 쓰였다. 어머니의 걱정이 무엇인지 잘 알았지만, 경찰은 어릴 적부터 나의 유일한 꿈이었다. 경찰이 아닌 내 모습은 상상해본 적도, 상상하기도 싫었다. 어머니가 던진 '마지막'이라는 말은 나를 더 간절하게 했다. 물론 그것과 상관없이, 나는 실패해도 또 도전하고, 도전할 것이다, 절대 내가 먼저 포기하지 않겠다고 다짐했다.

그 간절함이 통했다. 어머니가 마지막이라고 했던 시험에서 합격했다. 면접 날, 심사위원 중 한 분이 내 지원 서류에 적힌 무도 경력을 보고는 '뭐든 보여줄 수 있냐'고 물었다. 그러다 곧 면접장에 입고 온 정장 차림으론 불편하겠다 싶었는지 질문을 거두려 했다. 이미 구두를 벗고 있었던 나는 괜찮다며 한번 해보겠다고 했다. '이런 옷차림으로, 이 공간에서, 혼자, 무엇을 보여줄 수 있을까.' 생각 끝에 나는 기합을 크게 넣고 맨발로 뒤돌려차기를 선보였다. 거창한 기술은 아니어도 당황하지 않고 자신 있는 모습을 보여주고 싶었다. 면접 1등, 그날의 결과였다.

처음 경찰에 입직했을 때는 나의 무도경력에 모두가 든든해했다. 내심 뿌듯한 마음도 없지 않았다. 그런데 그즈음 한 여경이 피의자 제압과정 중에 부상을 당하는 사건이 일어났다. 남성 경찰이 임무 수행 중에 다친 거라면 대수롭지 않게 넘어갔을 테지만, 여경의 부상은 입방아에 올랐다. 마치 힘이 없어서 서툴러서 다친 양, 여경은 역시 보호받아야 할 존재가 되어버린 것이다. 현장 분위기가 좀 험악해지려 하면 선배 경찰들은 나보고 뒤로 빠져 있으라 했고, 내가 위험한 현장으로 출동할 때면 지원이 붙는 경우도 많아졌다.

동료들의 걱정을 이해 못 하는 건 아니었지만, 일방적인 무시는 참을 수가 없었다. 나는 상황을 빠르게 판단해서, 체포가 필요하면 적극적으로 나섰다. 미적대지 않고 과감하게 대처했다. 어느 날 술에 취한 남자를 집으로 보내야 하는 일에 투입되었다. 주취자는 나보다 덩치가 크고 힘도 세 보였다. 횡설수설 남자의 시비를 지켜보던 중 갑자기 주먹이 휙 날아왔다. 순간적으로 남자의 양 손목을 막아 잡았다. 그러나 버텨내기가 쉽지 않았다. 내가 힘에 밀리는 듯했고, 손을 놓아버리면 바로 공격이 들어올 것 같았다. 함께 온 선배 경찰에게 도움을 요청하기에도 너무 순식간이었다. 그때 남자가 손목을 빼내려고 거세게 저항했다. 이거다 싶었다. 순간 그대로 뒤로 빠지면서 남자의 손목을 끌어내렸다. 그러자 힘의 균형이 무너진 남자가 비틀거렸고 '이때다' 하고 재빠르게 제압했다. 곁에서 이 과정을 지켜본 선배경찰관은 놀란 눈치였다. 엄청난 힘이 필요한 일은 아니었다. 무도의 기술을 이용했을 뿐. 무술의 기본을 충분히 익히면 신체적 열세를 충분히 극복할 수 있음을 보여준 예였다.

기동대에 배치된 뒤, 여러 시위 집회 현장에서 내가 터득한 무술은 활용도가 커졌다. 기동대에서 체포술 교관교육을 받고 난 뒤에는 여경 기동대원을 대상으로 교육을 담당하게 되었다. 교육 내용을 단순하게 전하는 데 그치지 않고, 내가 여러 현장에서 겪었던 다양한 변수와 상황을 고려하여, 안전하고 효율적인 체포술을 전수하려고 애썼다. 효과는 좋았다. 여경 기동대원들이라면 누구나 한번은 겪었을 법한 상황들에 공감했기 때문이다.

그리고 몇 년 뒤, 나는 중앙경찰학교에서 무술교관을 맡게 되었다. 교육생 시절부터 꿈꿔온 소망이 이루어진 것이다. 경찰들에게 무도와 체포술을 지도하면서 어깨가 무거워진 나는 두 배 세 배 더 노력해야 했다. 교육은 상대의 발전을 돕는 일인 만큼, 나의 지도와 교육에 부족함은 없는지 돌아보았다. 그동안 익숙하게 해왔던 교육법도 더 깊이 있게 들여다보고 새로운 것을 찾다 보면 내가 놓친 부분이 보이기도 했다. 합기도와 유도, 태권도, 특공무술 등 합계 15단 유단자이지만 킥복싱, 무에타이, 칼리, 마샬아츠 트릭킹, 주짓수 등 나에게 부족한 무예들을 수련하며 무도 교육과 연결점을 찾으려고 했다.

이런 나의 작은 노력이 후배 경찰들의 생명과 나아가 시민 보호에 절대적인 영향을 미친다고 생각하면 정신이 번쩍 든다. 무술이 생존을 위해 만들어지고 발전된 것처럼, 체포술도 국민을 지키고 경찰관 자신을 보호하기 위해 나아가야 할 것이다. 그리고 그럴 수 있도록 나 또한 나아가고자 한다. ◈

장쾌한 활극
'경찰청 사람들'을 꿈꾸다

은봄 • 경찰에 입문한 지 어느덧 10년, 경찰로서 동물과 환경을 위해 할 수 있는 일이 무엇인지 고민하고 있다. 가끔은 사람보다 동물을 더 사랑하는 진웅복 & 붕봄맘.

어릴 적 '경찰청 사람들'이라는 TV 프로그램을 보며 경찰의 꿈을 꾸었다. 엎치락뒤치락하며 악당을 물리치는 경찰 아저씨의 활약상에 눈을 떼지 못한 채 어찌나 가슴이 뛰었는지 모른다. 순경 공채 시험을 통해 꿈을 이룬 지 벌써 10년이다. 그동안 단 한 번도 일 때문에 힘들다고 느낀 적이 없었다. 경찰이라서 행복했다. 나를 힘 빠지게 했던 순간은 동료 경찰관들 사이에서 내가 여성임을 자각해야 할 때였다.

내가 남녀를 구분하고 의식했다면 순전히 남자 형사, 남자 경찰만 등장하는 '경찰청 사람들'을 보며 경찰을 꿈꿀 수 있었을까? 어린 내 눈에 경찰은 누구나 마음만 먹으면 할 수 있는 일이었다. 성별을 의식하게 된 것은 오히려 경찰이 되면서부터이다. 교육생 시절, 지도관님이 여경들에게 수없이 강조한 말이 있다. "여성이라는 성별을 버려라. 여경이라서 일을 적극적으로 하지 않고 뒤로 물러선다는 말을 듣지 않도록 언제나 먼저 나서라!" 나는 도통 이해할 수 없었다. 경찰로서 임무를 강조하는 게 아니라, 여경이기에 먼저 나서라는 게 무슨 말인가! 그때는 '여경은 힘들고 어려운 일을 잘하지 못할 것'이라는 편견의 뿌리가 얼마나 깊은지 알지 못했다.

나의 초임지는 서울에서 신고 건수와 경찰관 수가 적은 비교적 작은 경찰서였다. 나를 포함해 3명의 신임 여자 경찰관이 배명을 받았다. 6년 만에 신입을 받은 터라 모두 반가워했지만, 여경들을 향한 남성 경찰관들의 관심과 비교는 좀 지나칠 정도였다. '누구는 소개팅한다던데 너는 왜 안 하냐', '남자친구는 언제 만들 거냐', '남자친구 만나면 뭐하냐' 등, 업무 외에 개인신상 파악과 호구조사를 당하기 바빴다. 'A보다 B가 더 이쁘다더라', 'B는 옷을 잘 입던데 너는 왜 그렇게 못 입느냐?', '괜찮은 남자를 만나 결혼하려면 명품 가방 하나는 메고 다녀야 한다' 등 외모 비교와 원하지 않는 연애 조언까지, 이런 쓸데없는 말을 듣느라 하루가 피곤했다. 초임 시절이어서 동료와 상사에게 잘 보이고 싶고, 평가에 민감했던 터라 나는 매번 어색하게 웃으며 아무렇지 않은 척 연기하곤 했다.

회식 자리는 빠지지 않았다. 술도 잘 마시고 일도 잘하는 경찰이라는 말을 듣고 싶었다. 어떤 팀장은 '내 딸과 같은 나이라 딸처럼 느껴진다'는 말을 반복하며 엄청나게 생각해주는 척했다. 그 딸 같은 여경들을 바로 옆에 앉게 하고 '역시 여자가 따라주는 술이 맛있지'라며 술을 따르게 했다. 노래방까지 이어진 자리에서 도우미 여성을 찾는 동료들의 모습에는 그만 아연실색하고 말았다. 그 뒤로 회식은 최대한 짧게, 1차 자리에서 반드시 일어나곤 했는데 어느새 나는 '업무의 연장선인 회식을 빠지는 여직원'으로 찍혀 있었다.

그 뒤 나는 '최고의 복수는 승진!'이라는 생각으로 이를 갈며 악착같이 일했다. 그 결과 두 번의 승진, 그러나 성별의 장벽은 쉽게 무너지지 않았다. 경력이 쌓이고 원하는 부서에 지원하여 면접을 볼 때였다. 여성 경찰에 대해서만큼은 '향후 결혼 계획은 있느냐, 언제냐, 결혼 후에는 출산 계획이 있느냐'라는 질문이 필수적으로 포함되어 있었다.

어떤 때는 그런 질문조차 생략된 채 여성은 아예 안 된다는 식의 묵시적 답이 정해져 있기도 했다. 여경은 결혼과 출산, 육아휴직을 하게 되므로, 부서에 오래 있지 못할 사람은 원치 않는다는 논리였다. 우여곡절 끝에 현재 부서에 발령받았을 때도 나는 동료들에게 '곧 나갈 사람'이었다. 나중에 면접을 진행한 과장님에게 결혼과 출산 여부를 왜 물었느냐고 여쭤보니 이런 답이 돌아왔다. "은봄 반장이 결혼한 지 얼마 안 되었을 때라 곧 아이도 낳고 그러면 육아휴직도 쓸 테니 일 년도 안 되어 나갈 거로 생각했지!" 황당했다. 주위 누구에게도 내 결혼과 출산 계획에 대해 말한 적이 없는데, 내 인생 계획까지 다 꿰고 있으니 말이다.

최근 겪은 일이다. 여성 피의자를 조사하거나 체포, 입감 등의 일에 여성 경찰관이 필요하면 부득이 다른 부서의 여성 경찰관이 동원될 때가 있다. 그런데 동원 일자가 변경된 것을 뒤늦게 알려주는 바람에 내가 급하게 지원을 가야 하는 상황이 일어났다. 게다가 하루가 아니라 3박 4일 일정이었다. 예상치 못한 긴 출장이라 유쾌하지는 않았지만, 자주 있는 일이니 기분 좋게 가려고 했다. 그런데 동원하는 부서 팀장이 나를 배려한다는 투로 던진 말에 뜨악했다.

"은봄 반장은 가정도 있고 남편 밥도 해줘야 하고 애도 봐야 하는데, 3박 4일 출장은 좀 그렇지? 그럼 다른 팀에 미혼인 ○○씨를 대신 데려갈까?"

"네?!!"

여성 경찰에 대한 인식이 아직도 이 정도라니! 평소 부서에 여성 경찰관이 부족하다는 사실에 동감하면서도, 매 인사철이면 남성 경찰관을 우선으로 뽑는 아이러니한 실태에 화가 쌓이던 중에 듣게 된 팀장의 말은 나의 지난 세월을 돌아보게 했다. 경찰 생활 10년 동안 나는 나름의 기준을 세우고 철저히 지키려 애썼다. '출장, 조사, 갑작스러운 동원 등, 예상하지 못한 업무들이 생길 때는 절대로 남편 때문에, 가정 때문에, 애 봐줄 사람이 없어서 일을 못 하는 사람이 되지 말자! 나의 이런 기준 때문에 가족이 희생하고, 곤란해져도 일을 다른 사람에게 미루거나 그 일에서 배제되는 사람은 되지 말자!'

일하는 여성에게 으레 따라붙는 말들, '임신과 육아, 수시로 발생하는 집안 대소사 핑계를 대며 업무에 소홀하다'는 소리를 듣기 싫어, 경찰 생활 10년 동안 단 한 번도 그런 이유로 내 일을 남에게 미루거나 피하지 않았다. 나 개인에 대한 문제이기도 했지만, 여성 경찰에 대한 편견을 없애고 싶은 마음도 있었다. 그런데도 10년 전과 별로 달라지지 않았다. 여경을 여성으로 바라보는 시선이 그토록 견고하다면, 내가 아무리 열심히 일하고 노력한다 해도 애초 부질없는 일은 아니었는지 회의감이 들었다.

한편으로 자책하기도 했다. 내가 직접 그런 말을 들은 것은 그날이 처음이었지만, 그간 주위에서 비슷한 일이 얼마나 많았겠는가. '나는 그렇게 행동한 적 없으니 나한테 하는 말은 아니야.' 이런 이기적인 마음으로, 불편한 상황에 눈 감고 있었던 것도 결국 나였으니까. 그때마다 나도 목소리를 더 크게 내주어야 했음을 깨달았다.

며칠 전 회식 자리에서 또 한 번 어이없는 말을 들었다. 모 팀장님이 "우리 와이프도 같은 경찰관인데, 결혼하고 나서 하루도 빠짐없이 출근 전, 퇴근 후 두 번씩 시부모님들을 찾아뵈며 인사드려. 뭐 집이 바로 코앞이니 어려운 일은 아니야."라고 자랑스럽게 말했다. 부부가 똑같은 경제 활동을 하면서, 정작 본인은 하지 않는 '대리 효도'를 강요하며 아내의 노동력 착취를 자랑거리로 말하는 모습을 보고 있으려니 가슴이 답답했다. 다 같이 직장교육 시간에 배웠던 성차별, 성인지 감수성을 그 팀장님은 어느새 다 잊어버린 것일까? 아직 멀었구나 싶은 '현실 자각 타임'이 몰려와 한숨을 쉬며 마시던 술잔을 내려놓았다.

우리 사회에서 가장 진취적이고 평등하고 공정해야 할 조직에서 행해지는 여성에 대한 차별적 시선과 평가와 편견 앞에 나는 자주 절망한다. 하지만 경찰은 어릴 적 나의 꿈이며, 지금은 꿈을 이뤄가는 중이다. 나의 소중한 꿈, 내가 사랑하는 경찰을 위해 나는 목소리를 더 낼 것이다. 아직은 멀었는지 모른다. 하지만 하나의 목소리가 더해지고 더해지면 조금 더 빠르게 변화되지 않을까. 앞에 열거한 나의 경험들이 우리 사회 다른 누군가에게도 너무 익숙해서 '내 이야기인가?' 싶을지도 모르겠다. 그렇다면 공감에 그치지 않고 몸담은 바로 그곳에서 용기 내어 목소리를 내면 좋겠다.

남녀 경찰관이 힘을 합해 착한 사람들을 위해 악당을 물리치는, 장쾌한 액션 활극 '경찰청 사람들'을 꿈꿔본다. 그날을 위해 우리 경찰관 모두 긴 호흡으로 함께 나아가길! ◆

출산휴가
들어가던 날

이혜수 • 연비가 좋아 적게 먹고 적게 자고도 쉽게 지치지 않는다. 부부경찰관이자 두 아이의 엄마로 늘 동분서주! 운동을 좋아하며 책 읽기도 즐긴다.

2008년 봄, 경찰에 들어온 지 3년이라는 시간이 흘렀을 즈음이었다. 그동안 내 삶에는 결혼과 출산이라는 이벤트가 있었다. 출산휴가를 마치고 야심 차게 경찰청에 입성! 그런데 사고(?)가 났다. 사고라기에는 너무 아름다운 사고지만, 그때는 당황스럽기만 했다. 계획에도 없던 둘째 아이를 가진 것이다. 밤새워 일하고도 다음 날이면 또 새로운 업무가 쌓일 만큼 바쁘게 돌아가는 상황에 임신이라니! 축복받아 마땅한 그 일을 마치 큰 문제라도 일으킨 양 나는 눈치를 보며 입 밖으로 임신 사실을 밝히지 못하고 끙끙

거렸다. 결원이 생기면 그 공백을 팀원들이 채워야 했기에 배가 부르기 전까지는 숨기려 했지만, 이미 첫아이 출산으로 한번 늘어나 있던 복부는 눈치 없이 너무 빨리 불러왔다. 결국 고개를 숙이고 사실을 밝혔다.

'산후 1년, 임신 중 야간근무 제한. 단, 해당 여성의 동의와 명시적 청구 시 가능.' 근로기준법 69조는 어느 나라 법인가? 나는 동의하거나 명시적으로 청구한 적도 없었지만, 매일 야간근무가 이어졌다. 지금이라면 깜짝 놀랄 일들이 그때는 가능했다. 심지어 파트너격인 고참 선배는 본인 담배 태우러 가는 길에 임신부인 내 꽁지머리를 잡아당기며 끌고 가기도 했다. 새로운 업무를 논의해야 하는 날에는, 배 속의 아이에게 미안함을 전하며 폐활량 훈련을 한다는 각오로 선배가 담배 한 대를 다 태울 때까지 참고 서 있어야 했다. 임신 초기라 날 것을 피하던 중이었지만, 밥 먹자고 데려간 곳은 횟집이기 일쑤였고, 밑반찬만 깨작거리다 와도 결제는 내 몫이었다.

그런 고참의 뒤에는 그를 너무나 아끼는 계장님이 있었다. 경찰청 근무를 시작한 지 채 반년이 되지 않은 때였기 때문일까? 내가 작성한 문서를 두고 빨간펜 선생님을 자처했던 계장님은 내 보고서를 그 고참이 들고 가면 고개를 끄덕이며 패스를 외쳤다. 백번 양보하여, 기본을 익히게 하려는 계장님의 선의라고 생각하며 견뎠지만, 이건 아니지 싶은 날이 계속되었다. 고참 역시 일은 '빡

세게' 배워야 빨리 는다면서 일을 시켰고, 문서가 완성될 즈음 낚아채 가는 일에 재미를 들린 듯했다.

그 지옥이 끝난 건 아마도 출산휴가에 들어가던 날이었다. 출산휴가를 보고하는 순간에도 나는 죄인처럼 고개를 숙이고 계장님 앞에 섰다. 그즈음 라쉬다 다티 프랑스 법무부 장관이 출산한 지 5일 만에 업무에 복귀했다는 뉴스가 국내 언론에도 소개되던 터였다. 계장님은 정말 다른 직원들의 업무 과중이 우려되었던 것인지, 나더러 꼭 90일을 다 쉬어야겠느냐고, 다티 장관을 언급해가며 5일 후에 보자고 했다. 순간 고개를 들었는데, 계장님은 분명 웃고 있었다. '이게 재미있는 일인가? 나는 하나도 재미가 없는데….' 평소 계장님을 무서워해서 보고하러 갈 때면 늘 심호흡을 했는데, 그날은 배 속의 아이 덕분에 용기를 냈던 것 같다.

"계장님, 제게 라쉬다 다티 장관과 같은 책임이 주어진다면 다시 생각해보겠습니다."

나도 모르게 튀어나온 말이었다. '나는 다티 장관이 아니니 주어진 90일 동안 아이에게 내 모성애를 꼭 전해야겠습니다', '계장님도 딸이 있는데, 따님이 이런 말을 들으면 어떨 것 같으십니까?'라는 말도 덧붙였던 것 같다.

'여경을 받았더니 바로 임신해버리고(왜 이럴 때 '버리다'라는 보조용언을 붙이는 걸까?), 공석이 생겨 힘들다'라는 말을 듣는 게 정말 싫었다. 나에 대한 평가에서 끝나지 않고 여경 전체가 그런 취급을 받는 게 너무 싫어서, 출근하는 마지막 날까지 정말 열심히 일했는데 왜 내가 이런 소리를 들어야 할까. 나는 왜 이제까지 참고 망설였을까. '여경을 받았더니 바른말만 하며 따지려 들고, 권리는 다 챙겨 먹으려 한다'라는 비난이 두려웠던 것일까? 계장님한테 참았던 말을 쏟아내면서, 이제까지 내가 가졌던 수많은 물음에 답하고 있었다. 그리고 그 순간에는 어떤 비난도 당당하게 받아낼 수 있을 것 같았다.

그렇게 말하고 돌아섰는데, 정말 그 순간 큰 힘이 된 건 팀원 모두 웃으며 나를 향해 고개를 끄덕여줬다는 것이다. '쟤 왜 저래?' 하는 눈빛이 아니었다. 당시 우리 부서는 나를 빼고 모두 남자였는데, 그 상황에서 성별은 중요하지 않았다. 그냥 우리였다. 우리는 그렇게 다른 방식으로 불합리한 대우를 당하고 있는지도 몰랐다. 모성애를 앞세운 용기는 헛되지 않았다. 그 뒤로 계장님은 함부로 말하지 않았다. 지금 생각하면, 별 뜻 없이 한 농담(?)일 수도 있다. 아무 생각 없이 던지는 행동과 말, 그로 인해 상처 입고 불쾌하다고 말해주는 이들이 없어서 으레 재미있는 농담이려니 생각했을지도 모르겠다. 이제 우리 사회는 많이 달라져서 출산을 장려한다. 임신하면 축복이 먼저인 분위기! '아마도 그때 그 계장님과 같은 분은 더는 존재하지 않겠지?'

워킹맘으로 두 아이를 키우는 일은 쉽지 않았다. 아침이면 아직 잠에서 덜 깬 아이들의 옷을 갈아입히고 남편과 아이들을 하나씩 업고 안고 차에 태워 경찰청으로 갔다. 차 안에서 도시락을 꺼내 먹이고 매일 아침 1등으로 등원을 시켰다. 그나마 경찰청 어린이집은 야간보육 체계가 잘 잡혀 있어 늦게까지 맡길 수 있어 다행이었다. 한번은 다른 학부모가 나를 불러서는 충고 아닌 충고를 했다. 내 아이의 발달상태와 야간보육을 연관 지으며, 바쁜 부서에서 본인 욕심을 채우는 이유가 뭐냐, 한가한 일선으로 나가서 육아에 조금은 성의를 더 보이라는 것이었다. 저절로 눈이 감겼다. '정말 욕심인가?' 내가 원하는 보직에서 주어진 일을 책임감 있게 해내는 것이. 조직에서 기혼 여성들에게 중요 보직을 맡기는 것을 꺼리는 이유가 아마도 이런 때에 책임을 다하지 않고 다른 선택을 하기 때문일지도 모른다는 생각이 들었다. 그런 생각까지 하니 같은 여성에게 그 소리를 듣고 있는 그 순간이 너무 싫었다. 그리고 왠지 그렇게 하면 여경 후배들의 입지를 내가 좁히는 것이 될 거란 생각마저 들었다.

그 와중에 큰아이까지 폐렴에 걸렸다. 정말 그때는 눈물부터 나왔다. 계장님(앞에 등장하는 빨간펜 계장님이 아님)은 경찰청 사거리에 있는 병원에 아이를 입원시키고, 쉬는 시간 짬짬이 병원을 오가면서 돌보면 안 되겠냐고 하셨다. 내가 당장 휴가를 내면 업무에 차질이 생길 것을 염려하신 것이다. 정말 다른 방법이 없다며 사정하셨다. 계장님의 말을 따랐다. 딸아이가 퇴원하기까지 나는 하루에도 몇 번씩, 경찰청과 병원을 숨차게 뛰어다녔다. 그런데 싫지 않았다. 숨이 차오를 때면 내가 정말 일에도, 아이들에게도 최선을 다하고 있다는 느낌이 들었다. 조직이 나를 필요로 하고, 내가 얼마나 치열하게 그 역할을 다하기 위해 애쓰는지 알아주는 사람들로 충분했다. 그렇게 나는 경찰임과 동시에 엄마여야 했고, 또 그만큼 치열해야 했다.

이제는 아이들도 어느 정도 크고 타 기관으로 파견 나와, 경찰청에 있을 때보다 조금 여유가 생겼다. 파견 직전 1주일에 서너 번은 자정을 넘겨 근무할 수밖에 없었던지라 이 여유가 더 감사하게 느껴진다. 아이들을 챙기고 출근할 수 있는 이 아침, 하루하루가 감사하다. 그리고 충분히 에너지를 채워 돌아가는 날에는 꼭 필요한 존재로 내 몫을 다할 것이다. 경찰로서, 엄마로서 두 역할에 진심을 다할 것이다. ◈

차별은

폴리스 라인 밖으로

김세령 • 100대 1의 경쟁을 뚫고 경찰이 되었다. 스스로 엄청난 행운아라고 생각한다. '경찰'이라는 자부심이 권위가 되는 것을 경계하며, '나는 어떤 경찰인가'를 자주 되묻는다.

나는 형사가 되고 싶어서 경찰이 되었다. 하지만 형사직으로 들어가는 문턱은 높았다. 그런데 형사가 아니면서도 여성이라는 이유로 '어느 부서에 있든 상관없이' 성폭력 피해자 조서를 받아야 하는 추가 업무를 해야 했던 시절이 있었다.

내가 담당한 첫 피해자는 50대 여성이었다. 지방의 중소도시에서 작은 호프집을 운영하고 있던 그는 손님과 함께 술을 마시다 성폭행을 당했다고 진술했다. 나는 선배 형사에게 배운 대로 피해자의 진술을 모두 청취한 뒤 퉁명스럽고 무미건조한 목소리로

"진술한 내용이 사실이 아니면 무고죄로 처벌받을 수 있습니다!" 라고 엄포를 놓았다. 헝클어진 머리에 술 냄새를 풍기며 상스러운 말투로 자신의 성폭행 피해를 아무런 수치심 없이, 너무나 당당하게 목청껏 진술하는 피해자를 바라보며 나는 어느새 남성 가해자의 시선으로 피해자를 바라보고 있었다.

당시에는 피해자 보호에 대한 인식이 거의 없을 때였다. 피해자가 범죄 상황에서 당연히 취할 것이라고 기대되는 고정관념, 즉 '피해자다움'이라는 개념은 들어보지도 못한 시절이었다. 지금은 경찰의 중립적 태도가 때때로 강자의 입장을 대변할 수도 있기에 각별히 조심하지만, 그때는 가해자와 피해자 그리고 각자의 진술만이 있었을 뿐이었다. 그렇게 남성 가해자의 시선으로 조사를 진행하면서도 마음 어딘가가 불편했다. 이제는 너무도 익숙한, 강간 통념과 2차 가해와 같은 단어들을 그때는 알지 못한 채로, 나는 그 불편함이 무엇인지 답을 찾고 있었다.

성폭력 여성 피해자 조사 외에 여성 경찰관이라는 이유로 '어느 부서에 있든 상관없이' 해야 했던 또 하나의 일은 집회나 시위 현장의 '폴리스 라인(질서 유지선)'에 서는 것이었다. 집회가 과격해지지 않고 평화롭게 마무리되기를 유도하는 방책이었다. 그즈음 매주 수요일이면 미군 비행장 앞에서 미군 부대 확장을 반대하는 집회가 열렸다. 시위를 주도하는 분은 사회운동가로 유명한 신부님이었다. 천주교 신자였던 나는 개인적으로 신부님과 인연을

맺고 있었던 터라 누구보다 신부님에 대해 잘 알고 있었다. 이 사실을 우연히 알게 된 정보과 형사가 나를 찾아와, 집회 현장에서 폴리스 라인을 지켜달라고 요청했다.

현장에 동원되던 첫날, 나는 폴리스 라인 정 가운데에 서 있었다. 당당하게 맨 앞줄에 선 신부님과 눈이 마주친 순간 얼마나 멋쩍던지. 신부님은 나를 알아보셨을 테지만 아랑곳하지 않고 자신의 주장을 말씀하시는 데만 집중했다. 나는 신부님 눈빛에서 '네가 할 일이니 괜찮다'는 마음을 읽었다. 우리 사회에 불편한 진실을 마주하도록 하고, 모두를 위한 선한 의도를 가진 집회라고 해도 모든 집회는 당장 주변 사람들을 불편하게 만들고 또 다른 위험을 초래할 가능성이 있기에 경찰이 관리하고 어느 정도 저지해야만 한다. 한편으로는 시위자들 역시 경찰의 보호를 받아야 했기에, 현장에 동원된 경찰은 극도로 날카로워지기 마련이었다. 긴장된 분위기의 속에서 나는 신부님의 눈빛과 폴리스 라인을 들고 있는 내 모습에서 '나는 왜 경찰이 되었나?' 하는 근본적인 질문과 마주하기도 했다.

선량한 사람들에게 피해를 주는 나쁜 사람을 붙잡고 싶은 '형사'의 꿈을 이루지 못한 나는 유학을 결심했다. 형사가 아니라면 경찰조직에서 나의 자리가 무엇인지 고민해보고 싶었다. 성폭력 피해자를 대할 때 느껴지던 불편함을 이해하고, 시위 현장에서 고민하던 근본적인 질문에 답을 찾고 싶었다.

미국 대학원에 지원하고, 여권을 만들고, 인천국제공항에서 비행기를 타기까지 모두가 난생처음 경험해보는 일이었다. 낯선 곳에서 시작된 대학원 첫 수업! 설렘과 긴장으로 나는 혼이 빠져 있었다. 강의실에는 동그란 테이블이 다섯 개 정도 있었고, 대여섯 명의 학생들이 듬성듬성 앉아 있었다. 놀랍게도 모두 원어민들이었다. 유일하게 나 혼자 동양인, 즉 외국인이었다.

이윽고 머리가 희끗희끗한 교수님이 들어왔다. 내가 앉아 있는 테이블을 힐끗 쳐다보며 강단으로 올라간 교수님은 첫 시간인 만큼 자기소개를 해보자고 했다. 먼저 각 테이블에 앉아 있는 학생들이 둘씩 짝을 이뤄 서로에게 자신을 소개한 다음, 짝이 된 학생을 모두에게 소개하는 방식이었다. 그런데 내가 앉은 테이블의 학생 수는 공교롭게도 홀수였다. 외국인인 나를 배려하신 교수님은 내 앞에 앉은 한 학생을 지목, 나와 짝을 이뤄 자기소개를 해보라고 했다. 눈앞이 캄캄했다. 외국인과 대화는커녕 영어도 서툴기만 한데 어떻게 해야 할지 막막했다. 그래도 무슨 말이든 해야 했기에 더듬더듬 말을 꺼내려는 순간, 내 짝으로 지목받은 학생이 오른쪽으로 몸을 휙 비틀고는 옆 사람과 대화를 하는 것이 아닌가.

당황한 나의 시선은 허공을 맴돌았다. 혼자 남겨졌다는 수치심에 머리가 띵했다. 대다수가 남자인 경찰조직에서 경험한 차별은 소수인 여성으로서 내가 감당해야 할 몫이라고 생각했고, 그렇게 그나마 스스로를 위로할 수 있었다. 그런데 멀리 태평양 건너

타국에서 겪는 차별의 이유는 내가 단지 '동양인'이라는 단 하나였다. 나 자신도 아무런 이유 없이 차별받고, 사회적 약자가 될 수 있음을 절실히 느끼는 순간이었다.

한국에서 경찰 제복은 오히려 나를 보호하는 갑옷이었음을 새삼 깨달았다. 경찰조직에서 나는 소수집단에 속한 약자였지만, 사회에서 나는 어떤 면에서 강자였을지 모른다. 짧은 유학 생활 동안 나는 동양인, 여성, 외국인으로서 온갖 차별을 경험하며 지난 시간을 복기했다. 특히 유흥업소 단속현장이나 가정폭력 현장에서, 소년사건을 담당하며 만났던 피해자들을 떠올렸다. 혹 나도 모르게 경찰이라는 권위에 젖어, 누군가에게 차별의 말과 몸짓을 보여주지는 않았는지, 나로 인해 상처받은 사람은 없었는지 진심으로 돌아보았다.

차별은 좋고 싫음의 구별이지만 차이는 다름을 말한다. 여성과 남성, 경찰과 민원인, 서양인과 동양인…, 힘의 우위를 가리려는 차별이 아니라, 차이의 눈으로 서로 다름을 인정할 때 갈등은 사라진다. 나는 끝내 형사는 되지 못했다. 그렇지만 예전보다 차별에 민감해지고, 내가 느꼈던 불편한 지점들을 이해하고 반성하면서, 한 인간으로서 경찰관으로서 나만의 해답을 찾아가고 있다. ◆

왜 지금 고백하냐고
묻는 이들에게

김영인 • 경찰 인생의 절반 이상을 여성 청소년 분야에서
근무했다. 경찰 엄마를 자랑스러워하는 두 아이를 키우고 있
으며, 늘 30~40대 여성의 관점에서 경찰 활동을 바라본다.

올해로 경찰이 된 지 15년이 되어간다. 그동안 간간이 뉴스와 소
문을 통해 조직 내 누가 누구를 추행해 발령 났다는 소식을 듣긴
했지만, 정작 내 주위에 없기도 했고 나 역시 그간 경찰경력이 쌓
이면서 어느 순간부터 이상한 소리(성희롱 발언)를 하는 직원이 점
점 줄어들었기에 '아, 그동안 우리 조직이 많이 발전해왔구나' 하
는 안도감마저 느껴질 시기였다. 그런데 여경들 이야기를 묶어 책
을 내보자는 제안이 들어왔다. 원고청탁을 받고 곰곰이 생각해보
았다. 과연 우리 조직 안에서의 성희롱 성차별이 얼마나 줄었을

까? 당장 내 주변에 피해자가 없다고 애써 외면하고 살아오진 않았는지 반성하게 되었다.

나는 '경위'로 경찰 생활의 첫발을 내디뎠다. 일반 공무원의 7급에 해당하고 그 당시만 해도 경찰 내 '중간관리자'에 해당하는 계급이었지만, '20대 + 여성 + 신입'이라는 삼박자를 갖추었더니 참으로 다양한 사람에게 여러 가지 방법으로 성차별과 성희롱을 겪었던 기억이 하나둘씩 떠올랐다.

성희롱의 대상, 장소, 시기, 방법은 다양하지만 가해자의 변명은 늘 한결같다. '그런 뜻이 아니었다. 몰랐다. 오해다. 취해서 기억나지 않는다. 피해자가 적극적으로 싫다는 표시를 하지 않았다' 등이다. 15년이 지난 지금, 새삼 나의 '20대 신입 여경 시절'의 일을 고백하는 것은 바로 이들 때문이다. 여전히 '그런 뜻이 아니었다'고 하는 가해자와 지금도 어디에선가 '어떻게 대응할지 모르겠다'고 고민하고 있을 피해자, 우리 모두를 위하여.

내가 기억하는 최초의 성차별 경험은 지구대로 실습을 나갔을 때였다. 지금은 이름도 얼굴도 기억나지 않는 지구대장은 실습생인 나에게 "미안하지만, 커피 좀 타 달라."고 했다. 짧은 실습 기간 그는 말끝마다 '미안하지만'이라는 단어를 붙이며 애써 매너 있는 척했지만 나는 알고 있었다. 내가 막내여서가 아니라 조직 내 유일한 여성이기에 업무 외의 잡무를 서슴없이 시킨 것임을. 실습 기간 중 조금 친해진 순찰팀장은 말끝마다 나를 '김 여사'라고 불렀다. 함께 실습 나갔던 남자 동기에게는 앞으로 임용될 계급인 '김 주임'이라고 깍듯이 부르면서 말이다.

실습을 마치고 경찰서로 발령받은 뒤에도 별반 다르지 않았다. 각종 행사에서 주인공에게 꽃을 전달해주는 '꽃순이' 역할은 당연히 내 몫이었다. 회식 때마다 나의 지정석은 모두가 앉기를 꺼리는 상사의 바로 옆자리였다. 일부러 피하고 싶어 빨리 가도 어쩌다가 늦게 가도 상사 옆자리는 당연히 내 자리라며 비워놓았다. 회식 분위기를 좋게 하기 위해서라는 게 그 이유였는데 이러한 성차별은 업무에서도 계속되었다. 경찰을 꿈꾸며 들어온 이들이면 모두가 그렇듯 나 또한 수사부서에서 근무하고 싶었던 시절이 있었다. 그런데 여경이라는 이유로 단칼에 거절당했다. 20대 여경은 장차 출산과 육아를 할 가능성이 있고 만약 그럴 경우, 밤을 새워야 하는 당직 근무에서 열외가 되기 때문이란다. 당시 미혼인 데다 남자친구도 없고, 당연히 출산 계획도 없는 나를 대신하여 그들이 세운 '중장기적인 인생 계획'을 나는 도통 이해할 수 없었다.

성차별뿐만 아니라 성희롱도 겪었는데 가해자의 공통점이라면 나보다 계급이 높거나 더 빨리 경찰 생활을 시작했다는 점이다. 그는 내가 어쩌다 전날 입었던 옷을 입고 출근하면 "어제 남자친구 집에서 잤냐?"고 묻거나, 결재를 받으러 가면 서둘러 alt F4 키를 눌러 보고 있던 야동을 한글 문서창으로 바꾸기도 했다. 나를 인정해주던 상사 역시 사무실에 단둘이 남아있을 때면 "여자는 치마는 짧고 머리는 길어야 한다."라며 매우 진심(?) 어린 충고를 해주기도 했다. 한번은 출장에서 돌아오는 길에 동행했던 계장이 남성 성기 조형물로 장식한 이른바 남근 카페에 데려간 일도 있었다. 아마 그는 표정이 일그러지거나 당황하는 나의 모습을 보고 싶었던 것 같기도 하다. 근무 시간에 동성끼리 서로 합의(?)하고 갔어도 부적절한 마당에, 40대 유부남 계장이 20대 미혼의 여직원을 대상으로 "재밌는 곳을 구경시켜 준다."고 하면서 데려간 것은 변명의 여지 없이 잘못된 행위다. 훗날 이와 유사한 사례로 여직원을 남근 카페에 데려간 시청 공무원이 정직 2개월 처분을 받았다는 기사를 보며, 그때 적절하게 대응하지 못한 과거의 내 모습을 후회하기도 하였다.

기동대에 근무하던 시절이었다. 지금과 마찬가지로 당시 기동대는 경찰학교를 갓 졸업하고 경찰서에 배치받기 전의 20대 여경들이 많았다. 경찰이 된 이래 줄곧 남성 경찰관 속에서 일하다가 여경들에 둘러싸여 생활하니 같은 여성인 나조차도 달라진 분위기에 적응이 필요할 정도였다. 하지만 연령과 성별, 서로의 관심사가 비슷하다는 이유로 우리는 금방 친해졌고, 회식도 자주 하게 되었다. 그런데 술자리에서 직원 간 성희롱 이야기를 듣게 되었다. 시·도경찰청의 남자 직원이 기동대 여경들의 카톡 사진을 보고 시도 때도 없이 개인 연락을 해온다는 것이다. 그는 마흔을 넘긴 유부남이었는데, 밤에 퇴근한 여경들에게 번갈아 가며 개인 톡을 보내와 사진 속 남자친구에 대하여 물어보았다. 얼마나 사귀었는지, 몇 번째 남자친구인지, 키스는 했는지, 여름휴가를 같이 가는지 등 업무와 전혀 무관한 상식을 넘는 질문이었다. 그런데도 여경들은 그가 단지 상급관청에 근무하고 계급 높은 직원이라는 이유로 싫은 내색을 하지 못하였다. 바로 20대 시절의 나처럼 말이다.

즐겁게 회식을 하다가 머리를 한 대 세게 맞은 느낌이었다. 당장 직원들을 불러 가해자가 보내는 업무 외적인 질문에는 일절 대답하지 말고, 퇴근 후에는 어떤 물음에도 답하지 말라고 지시했다. 당연히 상부에 보고했지만 그때는 지금과 같은 사안 조사나 가해자 징계와 같은 후속 조치는 이루어지지 않았다. 이후 경찰청에 양성평등 정책을 추진하는 전담 부서가 생기고 관련 훈령이 제정되고 제대로 된 신고 창구가 운영되면서, 성희롱에 대한 조직 차원의 대응이 조금씩 변화하기 시작하였다.

아직도 간간이 다른 경찰서 또는 다른 부서에서 여경 추행 이야기가 들려온다. 피해 여경이 누구인지 궁금해하는 일부 직원들, 가해자가 평소에 그럴 사람이 아니었다는 두둔 발언, 그녀의 평소 옷차림과 행실을 지적하는 말들, 징계가 너무 과하다는 이야기들, 모두 1차 가해보다 무섭고 가혹한 2차 가해들이다. 만약 동일한 사안이 직장이 아닌 다른 공간에 일어났다면 당연히 고소가 뒤

따르겠지만 의외로 대부분의 피해자는 그가 한때 동료였다는 이유만으로 형사처분을 원치 않는다. 피해자가 원하는 것은 더 이상 가해자를 마주치고 싶지 않다는 소박한 바람과 진심 어린 사과가 전부다. 그런데 과연 지금껏 진심으로 잘못을 인정하여 소청을 제기하지 않고 피해자에게 사과한 가해자는 몇이나 될까?

우리는 가장 정의로워야 할 조직인 경찰인 만큼 더 아프고, 더 힘들더라도 인정해야 한다. 그래야 앞으로 나아갈 수 있다. 우리 사회에서 불평등과 차별, 혐오가 없는 조직을 대표하는 경찰, 나는 그곳에서 일하고 싶다. ◆

20대 여경의
쇼트커트 잔혹사

O2 • 3년 차 MZ세대 새내기 경찰관. 재기발랄한 활동가형 (ENFP)으로, 경찰이라는 직업의 무게와 저울질하며 정체성을 조율해 가고 있다.

2021년 7월 뜨거웠던 여름, 도쿄올림픽이 한창일 즈음이었다. 양궁 종목 3관왕을 차지한 안산 선수의 쇼트커트가 너무 멋있어서 머리카락을 싹둑 자른 것이 고난의 시작이었다. 그때는 별일 아니라 생각했는데 진짜 별일이 될 줄은 그때는 알지 못했다.

쇼트커트를 하고 출근한 첫날이었다. 놀란 표정으로 바라보던 동료들이 저마다 한마디씩 던졌는데, 처음 들은 말은 "혹시 실연당했어?"였다. 자매품으로는 "사회에 불만 있냐.", "너는 머리 기른 게 더 예쁜데 왜 잘랐냐." 등. 대부분 부정적인 피드백이었다.

다른 사람의 말에 크게 신경 쓰지 않는 성향이어서 그냥 웃고 넘어갔다. 그러나 이내 나처럼 무던 사람도 신경 쓰이는 일들이 하나둘 일어났다.

　나는 지구대에서 근무하고 있다. 잦은 신고 출동에 많은 민원인을 만난다. 쇼트커트를 하기 전과 후로 나눠 상황은 극명하게 달라졌다. 머리가 길 때는 민원인과 시비가 자주 일어났다. 경찰이기 전에, '머리 긴 어린 여성'이 먼저 보이는 이들은 나를 보자마자 대뜸 반말부터 했다. 경찰 신분이기에 끝까지 참으며 협조 요청을 하지만 대부분 단번에 수긍하지 않고 반말투로 딴지를 걸기 일쑤였다. 심지어 순찰차에서 내리는 순간, 내가 여경임을 확인하고는 휴대폰부터 꺼내 촬영하는 경우도 있었다. 여경인 내가 못 미더워 불이익이라도 생길듯해서인지, 나의 일거수일투족을 찍어댔다.

　그런데 머리를 짧게 자르고 출동한 뒤로는 대놓고 무시하고 시비를 거는 이들이 크게 줄었다. 내가 여성으로 보이지 않거나, 아니면 성질이 거칠 거라 여기는 것일까. 휴대폰으로 내 모습을 찍는 일도 거의 사라졌다. 덕분에 일에만 집중할 수 있었다. 그 대신 다른 문제가 생겼다. 남자냐 여자냐, 나의 성별을 궁금해하는 질문이 많아진 것이다. 대답할 가치도 없어 못 들은 척 무시하면 집요하게 캐물었다. 나의 성별이 사건 해결에 도움이 된다면, 백번 천번 친절하게 답변해줄 수 있다. 그저 호기심으로 물어보는 것이니 불편할 수밖에 없다. 어느 때는 미심쩍다는 듯 나를 유심히 훑어보는 눈빛이 공격적으로 느껴질 정도였다.

쇼트커트의 영향은 또 있었다. 나를 부르는 호칭이 달라졌다. 전에는 '아가씨'나 '경찰 아가씨', '경찰 언니'로 불렸다면 '오빠', '총각', '새신랑(동성 친구들과 같이 다니면 가끔 들음)'으로 바뀌었다. '경찰 오빠', '경찰 삼촌', '경찰 아저씨'로 부르는 이들도 있었다. 처음에는 정정을 해주었는데, 나중엔 귀찮아서 해명하지 않았다. 가장 불편한 건 공중화장실을 이용할 때이다. 화장실에 들어설라치면 "여기 여자 화장실이에요."라는 소리를 듣기 일쑤였는데 그때마다, "저 여자예요." 하고 어색한 미소로 상황을 무마했다. 그나마 요즘엔 화장실에 들어갈 때 "여기 여자 화장실 맞아요!"라고 선수를 친다.

쇼트커트만으로도 귀찮은 일들이 이렇게 많다니! 정말 머리 관리가 편하다는 장점 말고는 안 좋은 점이 훨씬 더 많다. 그런데 생각해보면, 나를 불편하게 만드는 부정적 요인들은 대부분 사회적으로 만들어진 이미지에서 비롯되었다. 왜 아무 죄 없는 쇼트커트가 여성에게만 부정적인 의미를 덧씌운 것인가.

현대 여성에게 쇼트커트를 유행시킨 원조는 배우 오드리 헵번이다. 1950년대 영화 〈로마의 휴일〉에 소위 '헵번스타일'이라고 하는 픽시컷이 등장, 전 세계에 유행했다. 당시만 해도 짧은 머리가 꼭 남자들만의 전유물은 아니었다. 오히려 여자들의 이미지를 청순하고 상큼하게 해주는 스타일로 인기를 끌었다. 또 외모에 들이는 시간을 줄여 주어 여성들의 사회적 진출과 활동을 촉진한 역사적 산물이기도 하다. 이즈음의 쇼트커트는 요즘처럼 부정적 이미지로 받아들이지 않은 것이다.

2010년대 중후반 래디컬 페미니즘(radical feminism, 급진적 페미니즘)이 주류로 등장하면서, '꾸밈 노동'에서 해방되자는 주장을 담은 '탈코르셋 운동(여성성을 강조하는 보정 속옷 '코르셋'을 벗어버리자)'이 시작되었다. 쇼트커트에 대한 사회적 인식이 급격히 나빠진 것은 이때부터다. 원래 이 운동은 여성 인권의 신장을 위한 좋은 의미로 시작되었지만, 그 방식이 다소 과격해지면서 남녀 사이의 갈등의 골이 깊어졌다. 갈등 원인이 급진 페미니스트에게 있으며, 그들의 외모 특징이 쇼트커트라는 선입견이 자리 잡은 말도 안 되는 일반화였지만, 동조하는 사람들이 늘어갔다. 젊은 여성이 짧은 머리를 하면 급진 페미니스트로 여기고, 그에 대한 조롱의 수위는 지나쳤다. 나와 의견이 다르면 '마녀'로 취급하여 죽음으로까지 내몰았던 중세시대와 무엇이 다른가!

'20대 여성 경찰관.' 짧은 경력에도 불구하고, 이 말에서 나는 어떤 애환을 느낀다. 나이 어린 여성은 사회적으로 요구되는 이미지가 있다. 예쁘게 잘 꾸미고, 친절하고, 밝게 웃는 모습을 기대한다. 그러나 경찰관인 나의 직업은 그 반대이다. 경찰은 법집행기관이므로, 현장에서는 친절보다 얼굴을 붉히고, 웃음보다는 무표정, 매사 냉정해야 할 때가 많다. 경찰이란 직업에도 불구하고 20대 여성으로 나의 정체성을 규정할 때 나는 공격의 대상이 되고 만다. 출동을 나간 어느 날, 여경인 나를 만만하게 생각하여 나에게만 집중적으로 시비를 걸고 인신공격과 욕설을 퍼붓던 악성 민원인의 목소리를 기억한다. 그리고 3년이 지났지만, 그때와 지금은 별로 달라지지 않았다. 쇼트커트를 하고 난 뒤에 내가 겪은 일들이 이를 말해주지 않는가.

이 문제는 내가 여경으로 있는 한 해결되지 않고 두고두고 나를 괴롭힐지 모른다. 머리를 길러 그들의 시선을 피하고 적당히 일하면 마음고생은 덜할 것이다. 그러나 어떤 머리 모양을 할지, 선택은 나의 자유이다. 경찰 업무와는 아무 상관도 영향도 없다. 이 단순한 권리조차 사회적 인식과 주변 압박에 못 이겨 내 마음대로 할 수 없다면, 나는 앞으로도 '여성'이라는 변함없는 사실이 존재하는 한 수많은 한계에 부딪히며 상처받고 아파할 것이다. 별것 아닌 '헤어 스타일'의 문제라고 치부해버릴 수도 있지만, 여기서 나의 권리를 포기한다면 앞으로 내가 하고자 하는 일들 역시 사회적 편견에 나를 쉽게 바꾸는 길을 선택할지도 모르기에 이는 나에게 충분히 중요하고 의미 있는 일이다. 나 한 사람의 문제가 아니다. 여경으로서 나를 지켜보는 동기, 후배들이 있다. 각자 견디고 이겨나가는 모습을 통해 연대는 강화되고 그만큼 현실은 변화될 것이다. 모든 것을 떠나 나는 단지 내가 하고 싶고, 좋아하는 것을 소신 있게 말하고 행동하고 싶을 뿐이다.

나는 현장이 좋다. 사람들과 마주하며, 그들의 이야기를 들어주는 것이 좋다. 그들이 어떤 일에 두려움을 느끼고 긴박해지는 순간에 때로는 가족보다 내가 그들 곁을 먼저 지켜줄 수 있다는 것, 나의 존재 이유가 거기 있다는 사실이 기쁘다. 일부 사람들이 여경을 혐오하며 원하지 않는다 해도 흔들리지 않고 주눅 들지 않겠다. 주위의 편견과 부정적 말들 앞에서 "어쩌라고!" 한 번 크게 외치면서 내 갈 길을 갈 것이다. 그리고 곁에서 나를 지지하는, 사랑하는 동료들과 의지하며 함께 헤쳐나가려고 한다.

차별과 혐오는 연대와 사랑을 이길 수 없다. 결국 그 길의 끝, 개고생 끝에는 해피엔딩이 기다리고 있을 것이다! ◆

홍등가에 첫 둥지를 튼

김 순경

김소영 • 아재 개그를 좋아한다. 단 한 사람이라도 자신의
개그를 좋아한다면 결코 멈추지 않을 생각이다. 경찰 일이 아
무리 힘들어도 웃기면서 웃으면서 하고 싶은 웃음 사냥꾼.

'신임 김 순경', 시골에서 세상 물정 모르고 살다가 서울에서 첫 경
찰 생활을 시작했다. 서울에 특별한 연고가 없었기에 방 하나 구
하는 일부터 쉽지 않았다. 경찰이라는 꿈 하나만 바라보고 20대의
젊음을 보냈기에 현실을 망각하고 살았던 듯하다. 고시원은 공부
만 하는 곳인 줄 알았는데 꼭 그런 것만은 아니라는 것도 뒤늦게
알았다.

급한 대로 발령날짜에 맞춰 인터넷으로 검색하여 근무지 주
택가 근처 고시텔에 임시 거처를 정했다. 다른 건 몰라도 조용한 곳

에 거처를 마련하고 싶었는데, 낮에는 조용하고 한적하게 보이던 그곳이 알고 보니 이른바 홍등가로 불리는 성매매업소들이 가까이에 있었다. 밤마다 휘황한 불빛이 켜지는 그곳은 관내에서 사건 사고가 가장 많이 신고되는 지역이었다. '사회에 나와 첫 보금자리 구하기부터 쉽지 않구나! 그래도 이런 경험들이 좋은 거름이 되리라.' 늘 그랬듯 긍정의 힘을 믿으며 나의 첫 직장생활은 시작되었다.

지구대로 발령받은 첫날, 관리반장님에게서 내가 사용할 전용 무전기와 총기, 사물함을 안내받고 나자 그제야 경찰이 되었음을 실감했다. 나는 1팀 소속으로 4조 2교대 주야비휴, 야간근무를 시작으로 업무를 시작했다. 지구대 유일한 여경 순찰팀원으로, 팀 내에서 그리 반기는 분위기는 아니었다. 신경 쓰이긴 했지만 연령대가 40~50대인 하늘 같은 선배 경찰들을 잘 보좌하고, 그들의 노하우를 배워 믿음직한 동료로 인정받을 수 있도록 노력했다.

한 시간 일찍 출근하여 팀 막내로서 챙길 것은 없는지 살핀 다음, 지난 근무일지를 보면서 업무를 파악해 나갔다. '우리 지구대에는 이런 사건이 있었구나, 이 사건 용의자는 주의 깊게 볼 필요가 있겠다, 우리 관내는 가정폭력이 많으니 상황별 절차는 숙지해야겠구나' 등. 필요하면 메모를 하고 복사를 해두었다.

비번날에는 자주 접하는 사건을 중심으로 업무 매뉴얼과 관련 법을 공부하여 나만의 업무 파일철을 만들었다. 어느 날, 내 사물함에 서류 한 장이 꽂혀 있었다. 전일 근무시 내가 작성한 수사

서류의 복사본으로, 잘못된 부분을 빨간펜으로 체크하여 올바른 작성의 예시를 작성해놓은 것이었다. 선배 경찰의 배려였다. 성별이 다르다는 이유로 나를 불편하게 바라보던 선배들의 마음이 점차 열리고 있었다. 나의 첫 사수이자 멘토는 우리 팀의 에이스 선배였다. 업무능력뿐만 아니라 인성 또한 최고였던 나의 '스승님'은 관내 지리, 출동 전후 준비할 것과 자세 등, 얼굴 한 번 찡그리지 않고 친절하게 가르쳐주었다.

사수와 함께 틈틈이 공부하고 연습한 노력이 빛을 발하던 순간이 왔다. 평소 관내에 아파트 단지와 주택이 많아 가정폭력이 많이 발생하던 지역이라는 걸 파악하고 가정폭력 처리절차 매뉴얼을 복사해놓고 사건 발생 시 입력하는 연습시스템에 들어가서 범죄 사실을 작성하는 연습을 종종 했다. 그러던 중 내가 담당하던 순찰지역에서 가정폭력 신고가 들어왔다. 피의자를 현행범으로 체포하여 지구대로 연행해온 다음, 평소 준비한 대로 관련 서류들을 준비하고 범죄 사실을 입력했다. 그리고 가장 중요한 피해자 보호 또한 잊지 않았다. 피해자의 진술과 심리 상태를 파악하여 안정을 되찾을 수 있도록 안전한 거처를 기관과 협조하여 연결해주었다. 지구대에서 늘 있는 평범한 사건이지만, 경찰로서 누군가에게 도움을 준 첫 사건이어서 나는 내심 가슴이 벅찼다.

사수 덕분에 낯선 직장생활에 순조롭게 적응해가던 어느 날 청천벽력 같은 소식이 들려왔다. 선배가 타청으로 발령을 받은 것이다. 짧은 시간이었지만 의지를 많이 했기에 막막하기만 했다. 두 번째로 함께 일하게 된 사수는 개성이 강한 분이었다. 좋게 말하면 가끔 함께 근무해야 정신건강에 좋은 스타일이었다. 지구대 근무는 팀장이 그날의 근무 일지를 만들어 조장과 조원으로 한 조를 이뤄 관할구역으로 순찰을 나가도록 한다. 그러니까 나와 한 조를 이룬 사수가 휴가를 가지 않는 한 계속 같이 근무를 해야 하는데, 사수는 좀체 휴가를 쓰지 않는 일 중독자(?)였다. 사수와 일하면서, 어찌나 힘들었는지 '경찰이 나의 길이 맞나?' 싶은 생각이 들 정도였다. 반어적으로 나는 그 사수를 '특급멘토'라고 불렀다.

특급멘토는 일 욕심도 많았지만, 말투가 너무나 차갑고 거칠었다. 근무한 지 3개월 차였지만 가끔 길을 헷갈릴라치면 곧바로 "넌 아직도 길을 모르냐?"며 면박을 주기 일쑤였다. 야간 골목 순찰 시엔 나름 꼼꼼히 살피면서 순찰을 도는데, 번번이 "그게 순찰 도는 거냐? 앞뒤 좌우 위아래 다 살피면서 다녀야지!"라며 혼을 냈다. 야간근무 시 몇 시간 내내 교대 없이 순찰을 돈 다음 잠시 쉬려고 정차를 하려면, 옆에서 눈을 감은 채 앉아 있던 특급멘토는 투시 능력이라도 있는 건지 "순찰 돌려라."라고 나지막이 말했다. 정말이지 얄미웠다. '스파르타식으로 강하게 키우려는 건가, 아니면 당해보라는 심보인 건가.' 나는 속으로만 생각할 뿐, 군말 없이 가속 페달을 밟았다.

추운 겨울 어느 날, 무면허 오토바이를 적발한 적이 있었다.

자신은 춥다면서, 나에게 단속한 오토바이를 타고 지구대로 오라고 했다. 그러고는 내가 몰고 가는 오토바이 뒤에서 순찰차를 타고 쫓아왔다. 왕복 8차선 도로에서 온몸으로 맞았던 칼바람은 아직도 잊히지 않는다. 하루는 사과 몇 상자가 지구대에 들어왔다. 특급멘토는 대뜸 사과를 여경 휴게실이 있는 3층에 올려다 놓으라고 지시했다. '왜 여기에? 설마 나 먹으라고?' 이해가 안 갔는데 알고 보니, 점심 먹고 나서 눈치껏 사과를 깎아 식당으로 내오라는 것이었다. 이후부터 사과 깎기는 내 몫이었다. 정말 지겹도록 사과를 깎았다. 사과에 '사'만 들어도 반갑지 않은 것은 이때의 트라우마 때문이 아닐까 싶다.

특급멘토와의 에피소드는 책 한 권으로 써도 모자란다. 특급멘토의 진급과 동시에 나 또한 다른 부서로 발령이 나면서 이야기는 끝났다. 겨울이 끝난 것처럼 나에게 다시 봄이 온 것이다. 특급멘토에게서 혹독한 예방주사를 맞아서인지 어지간하면 사람들과 무난하게, 그 누구와도 근무할 수 있는 능력이 생겼다. 생각해보면, 단지 내가 여성이라서 싫고, 능력을 의심하고, 편하다는 것을 가장하여 무시한 것임을 느끼면서도, 나는 '잘할 것이다. 잘 해내리라'라고 다짐한 시간이었던 듯하다. 초임 시절, 그렇게 두 분의 멘토를 통해 경찰로서의 보람을 느끼며, 무엇보다 부족함을 돌아보는 태도로 '나만의 경찰다움'을 만들어갔다. ◆

2부

경찰하는 기쁨

모두의 아픔과
고통이 지워지는
그 어디쯤

3장

한 사람의
노력으로
세상을
바꿀 수 있다

정인이의
스웨터

이은애 • 경찰청 국가수사본부 수사구조개혁팀장. 25년 차 경찰이지만 여전히 어렵다. 현장에서 만나는 '빛나는 여성들'과 함께 성 평등한 치안서비스를 만드는 그날을 위해 사표는 넣어두기로.

정인이는 우리 관내에 묻혀 있었다. 양부모로부터 지속적인 학대를 받고 결국 살해당한 정인이. 지난해 2월 양평경찰서장으로 발령받으면서 묘소에 가봐야겠다고 생각했지만 발걸음이 쉽게 떨어지지 않았다. 정인이는 사건 자체로만 마음 아픈 것이 아니었다. 경찰이 조금 더 주의를 기울였으면 살릴 수도 있었기에 경찰인 나로서는 마음이 더 무거웠다. 혹 정인이 묘소에 들렀다가 '경찰이 뻔뻔하게 어딜 찾아왔느냐'는 소리를 들을까 봐 두렵기도 했다. 이 사건으로 동료 경찰관 여럿이 중징계를 받았는데 혼자 정인이 묘를 찾아가는 게 유난스러워 보이는 건 아닌지 하는 염려도 있었다. 나의 소심함과 미안함, 죄책감이 뒤엉켜 그저 마음속으로 생각만 하던 차에 '양평경찰서장님 앞'으로 소포 하나가 도착했다.

울산 사는 한 할머니가 보내신 거였다. 정인이에게 입힐 알록 달록한 스웨터와 용돈 3천 원, 그리고 편지였다. 할머니는 단정한 손글씨로, 정인이가 저승에서라도 예쁜 옷 입고 활짝 웃으면 좋겠 다는 바람으로 스웨터를 직접 떴으며, 정인이가 잠든 수목장 관리 소에 소포를 보냈지만 반송되었다는 것, 그래서 혹시 양평경찰서 장님께서 전해주실 수 있는지 조심스럽고도 간절하게 물으셨다. 할머니의 편지와 스웨터를 들고 정인이 묘를 찾았다. 정인이의 명 복을 빌면서 한 사람의 경찰관으로서 사과했다. 할머니의 선물을 정인이에게 전해준 다음 사진을 찍어 할머니에게 보내드렸다. 할 머니는 경찰서장님의 귀한 답장을 받았다며 무척 고마워하셨다. 나야말로 할머니 덕분에 정인이를 만나볼 용기를 얻었고 더 좋은 경찰조직을 만들겠다는 다짐도 할 수 있었다.

경찰을 하다 보면 나쁜 사람들을 많이 만나지만 그만큼 좋은 사람도 만난다. 세상을 어지럽히는 수많은 악행과 부당함, 거짓에 도 불구하고 우리가 살아갈 수 있는 것은 결국 다시 사람이다. 약 하고 상처받고 피해 입은 사람을 안쓰러워하는 마음이 아주 작은 걸음으로라도 세상을 움직이게 만드는 것이 아닐까.

기억나는 할머니들이 또 있다. 지구대장으로 일하던 강서구

공항동 할머니들이다. 서울의 외곽 지역, 빌라와 다세대주택, 구옥들이 얽혀 비좁은 골목길이 이어지는 동네다. 추울 때 발령받아 텅 빈 골목길을 순찰하곤 했는데, 날이 따뜻해지자 할머니들이 하나둘 나오기 시작했다. 평상에 앉아 멸치를 다듬거나 빨래를 개키고 가만히 햇볕을 쬐고 계시기도 했다. 할머니들에게 경찰은 '고생하는 사람'이었나 보다. 지나가는 나를 보면 틀림없이 '경찰 아가씨 이거 먹고 가' 하면서 먹을 것을 내주셨다. 더운 날엔 얼음 띄운 식혜를 내주셨고, 한사코 '괜찮다'는 내 손에 수박 한 조각을 쥐여주며, 말없이 선풍기를 내 쪽으로 돌려주셨다. 찐 감자가 수북하게 담긴 쟁반에서 가장 예쁜 감자를 골라주고, 잘라놓은 수박은 가장 두툼한 토막을 뽑아주셨다. 향응饗應은 '특별히 우대하여 음식을 차리거나 잔치를 베풀어 극진히 대접한다'는 뜻이니, 경찰로서 내가 받은 감자와 옥수수는 향응임에 틀림없다.

25년 전 만난 어느 할머니는 놀랍도록 현명한 '여성주의자'였다. 당시 나는 이십 대의 나이 어린 파출소장이었다. 여자 파출소장이 나왔다고 신문에 대문짝만하게 실리던 시절이었으니 파출소에 여성 전용 화장실이나 샤워실이 있을 리 없었다. 당시 파출소장은 일주일에 서너 번 파출소에서 밤을 새워야 했지만 나는 샤워는커녕 파출소에 딸린 조그만 부엌 싱크대에서 머리만 겨우 감을 수 있었다. 얼마 뒤에야 '달 목욕'이라는 것을 알게 되었다. 한 달에 일정 금액을 내고 무제한 목욕탕을 사용하는 것이다. 새벽 목욕탕에서 나처럼 고된 야간근무를 마친 여성들을 만났다. 밤새 음식을 만들고, 술을 팔고, 설거지를 했던 그녀들은 목욕탕에서 함께 몸을 녹이고, 가져온 음식을 나눠 먹기도 하고, 믹스커피와 함께 담배를 피기도 했다(실내 흡연이 불법이 아니던 시절이었다).

담배 연기가 피어오르는 목욕탕에 들어서면 "어머나, 우리 파출소장님 오셨네. 죄송해서 어쩌나." 하고 급하게 담배를 껐고, 옆에서 분명히 같이 담배를 피우던 목욕탕 청소 아줌마까지 나서서 "그러니까 왜 여기서 담배를 피우냐."라며 부산하게 창문을 열었다. 어느 날 허리가 잔뜩 굽은 할머니가 천천히 옷을 입다가 한마디 하셨다. "뭐가 죄송한가. 여자도 맛있는 거 먹고 살아야지. 담배 맛있으면 피워야지. 담배 그냥 피워!"

당시 흡연은 가부장제의 권력과 닿아있었다. 담배 피우는 여성은 곧 싹수없거나, 근본 없고, 돌봐줄 남자 없는, 그래서 누구든 욕할 수 있고, 혼낼 수 있고, 가끔은 때릴 수도 있는 대상이었다. 길거리에서 여성이 혼자 흡연하는 것은 지나가는 생면부지 남자에게서 쌍욕 들을 각오를 해야 했었다. 이십 대 초반, 자타공인 페미니스트 직장 여성이었던 나 또한 숨어서 담배를 피웠더랬다. 할머니의 덕담 덕분에 그날 이후 나는 당당하게 담배를 피우기로 했다. 경찰서 흡연실에 들어갔고, 남자들로 가득 찬 그곳에서 담배를 꺼내 물었다. 정적이 흘렀다. 어지러운 시선이 교차했지만 잠깐뿐이었다. 나의 '담배 커밍아웃' 순간이었다.

어둑한 저녁 순찰을 하다 보면 퇴근길, 공원에 홀로 앉아 담배를 피우는 여성과 마주치기도 했다. 그녀는 직장에서 피우지 못했을 것이다. 이제 곧 들어가는 집에서도 피우지 못할 테고. 하루의 고단함을 풀기 위해 담배를 피우지만 불안한 마음은 지울 수 없었을 것이다. 그녀는 경찰복을 입은 나를 보고 잠깐 놀라고, 여성 경찰임에 안도했다. 나는 그녀 옆에서 조용히 담배를 꺼내 피웠다. 우리는 말 없이 후미진 골목에서 담배를 피우면서 안전함을 공유하고 있었다.

담배 몇 개비를 수십 개의 요구르트로 돌려준 여성도 기억난다. 수사과에 근무하면 나쁜 놈보다는 그저 법을 어긴 사람을 더 많이 만나게 된다. 그녀도 그런 사람이었다. 작은 옷가게를 하다가 융자를 받았고, 돈을 갚지 못하자 전세계약서를 위조해 대출을 받았다. 사문서위조와 동행사, 사기죄는 구속영장 청구 대상이었다. 조사를 마치고 유치장에 들어가기 전 그녀는 잠깐 화장실에 가고 싶다고 했지만 담배를 피우고 싶은 눈치였다. 나는 '화장실 말고 흡연실에서 피우세요'라고 말하며 경찰서 흡연실로 그녀를 데리고 갔다. 남자 형사들로 바글바글한 흡연실에서 그녀와 나는 나란히 앉아 담배를 나눠 피웠다. 그녀는 구속이 되었고, 풀려난 이후에는 우리 관내에서 요구르트 배달을 하기 시작했다.

그녀가 요구르트 근무복을 입고 경찰서 사무실을 찾아왔다. 요구르트가 들어있는 비닐봉지를 내 책상에 올려놓으며 '고마웠

어요.' 한마디하고는 돌아섰다. 반가워할 겨를도 없이 그녀는 그렇게 돌아갔다. 다른 수사관들은 교도소에서 감사 편지도 받고, 출소 후 고맙다고 찾아오기도 한다던데 나는 천성적으로 친절한 사람이 아니어서인지 구속시킨 피의자가 찾아온 경우는 그녀가 처음이자 마지막이었다. 그녀는 이후에도 가끔 내가 자리에 있거나 없거나 내 책상에 요구르트를 몇 개 놓고 갔다. 몇 년 뒤 승진 발령을 받아 그곳을 떠난 후에도 그녀는 가끔 요구르트를 놓고 갔다는 후문을 들었다. 그녀가 놓고 간 요구르트는 가장 힘들고 두려웠던 시기, 그저 옆에서 담배를 같이 피웠던 그 시간에 대한 고마움이었으리라.

　　수사관으로 근무하던 어느 날, 10억 사기 피해를 입었다는 고소장이 나에게 배당되었다. 고소장을 읽을 때부터 마음이 답답해졌다. 가해자로부터 받을 돈이 10억인데 돈을 받지 못했으니 사기로 처벌해달라는 내용이다. 자세한 진술을 받기 위해 고소인을 경찰서로 불렀다. 그녀는 쉴 새 없이 전화벨이 울리고, 수사관들이 뛰어다니고, 가끔은 민원인과 수사관이 서로 소리치는 경찰서 조사실을 처음 본 듯했다. 그녀는 잔뜩 긴장한 얼굴로, 교사로 근무하다가 명예퇴직을 한 후 전업주부로 살고 있다고 했다. 가해자에게 받을 돈이 10억이라면서 꼭 돌려받을 수 있게 도와달라며 간곡하게 말했다. 나는 아무 감정도 섞지 않고 말했다. "경찰은 돈 받아주는 곳이 아닙니다."

사기가 범죄로 형성되려면 '언제, 어디서, 어떤 기망 행위로 인해 어떻게 돈을 편취당했는지'가 소명되어야 한다. 그냥 받을 돈이 10억이라고 주장한다면, 게다가 고소인과 피의자 사이에 수십 년에 걸쳐 수십 차례의 돈거래가 있었다면 그냥 민사 사안으로 사건을 넘길 수밖에 없었다. 그녀는 돈을 받지 못해 얼마나 괴롭고 억울한지, 덩달아 마음고생하는 가족들에게 얼마나 미안한지 수시로 눈물을 훔치며 사정을 털어놓았다. 나는 속으로 생각했다. '상담은 상담소에 가서 받으세요.'

피고소인을 불렀다. 수사과에서 만나게 되는 '나쁜 사람'이었지만 '범죄자'는 아닐 수도 있었다. 돈을 수십 차례 빌렸고, 일부는 갚았지만 일부는 갚지 못했다고 순순히 인정했다. 주어야 할 돈이 10억이라는 점도 인정했다. 그렇지만 돈은 갚지 않았으며, 10억의 채무를 갖고도 큰 사업체를 운영하고 비싼 집에서 비싼 차 몰면서 잘살고 있었다. 수사관인 내가 보기에 피고소인은 '나쁜 사람'이었지만, 수사관은 '나쁜 사람'을 잡는 게 아니라 '법을 어긴 사람'을 잡는 사람이니까 내가 상관할 바는 아니라고 생각했다.

왜 그랬는지는 모르겠다. 민사재판으로 넘길 수 있었던 그 사건을 통상의 다른 사건보다 훨씬 더 많은 공력을 들였다. 수차례 압수수색 영장을 받아 은행 본점에 보관되어있는 옛날 옛적의 수표 원본을 찾아냈다. 수표 배서자도 여러 명 찾아냈고, 배서자를 추적해서 수표의 쓰임을 알아내면서 사실의 조각을 맞춰나갔다.

피고소인이 그냥 나쁜 사람이 아니라 '범죄자'임을 밝히려면 피고소인이 돈을 빌릴 때부터 갚을 생각이 없었다는 자백이 필요하다. 결국 고소인과 피고소인의 대질 조사를 통해 피고소인 진술의 허점을 파고드는 것이 유일한 방법이다. 고소인은 대질 조사를 하러 와서도 '언제 어디서 왜 어떻게'는 대답하지 않고 '얼마나' 힘들었는지 눈물로 호소하는 데 급급했다. 한번은 조사하다가 컴퓨터를 꺼버렸다. "제 질문에 답변하지 않을 거면 돌아가세요."

다음 대질조사 때에는 아예 처음부터 경고했다. "아무 말도 하지 마세요. 제가 묻는 질문에만 대답하세요. 다른 말 하면 오늘 조사 안 해요." 어렵게 어렵게 사건을 마쳤다. 공소시효 지난 것 제외하고 10억의 일부를 기소 송치할 수 있었다. 피고소인의 혐의를 일부 입증한 것이다. '이 정도면 성공적인 수사다'라고 만족할 무렵, 고소인 그녀가 찾아왔다. 그녀는 나를 향해 싸늘하게 말했다. "아가씨, 인생 그렇게 살다가 천벌 받아."

그날 그녀가 퍼부은 저주는 오랫동안 내 머릿속에 남았다. 수사관으로서 최선을 다해 일했을 뿐인데, 국민은 나에게 무엇을 원하는 것일까? 수사관으로서 내가 만나는 사람들은 피해자이건 가해자이건 수사의 대상일 뿐이었다. 그들의 속사정을 이해하고, 공감하고, 감정을 나누는 것은 경찰관의 일이 아니라고 생각했다. 유능한 수사관으로, 사건을 신속하게 처리하고, 가해자든 피해자든 어떤 민원인에게도 음료수 한 병 받지 않고 공정하게 수사한다는 신념이 있었다.

　나에게 천벌 받을 거라던 그녀는 유능한 수사관보다는 친절한 수사관을 원했던 것 같다. 상담은 상담소에 가서 받으라고 소리치지 않고, 수사의 과정과 필요한 부분을 설명해주었더라면 상처가 되진 않았을까. 그녀가 어려운 사정에 계속해서 돈을 빌려줄 수밖에 없었던 수많은 사정을 내치고, '왜 빌려줬는지'에만 대답하라고 소리쳤으니 그녀는 오히려 내 질문을 이해하지 못했을 것이다. 사람을 사람으로 받아들이는 것보다 세계를 논리로 설명하는 것이 훨씬 쉬웠던 시절이었다. 이해하려고 하면 이해하지 못할 사람이 없다는 것을 알지 못했다.

　나는 그녀의 저주 덕분에 경찰관으로서, 그리고 사람은 사람을 이해하려고 노력해야 한다는 명제를 알게 되었다. 범죄에 대한 기계적 처벌보다, 피해에 대한 인간적 공감이 먼저라는 사실도 깨달았다. 경찰로 살아온 길에서 만난 빛나는 여성들 덕분에 나는 또 하루를 살아가고, 삶과 사람을 좀 더 사랑하게 된다. ◆

세상이 좋아지고 있다는
증거가 되고 싶다

김영은 • 9년 차 경찰. 약자를 보호하는 경찰을 꿈꿨다. 여청과 피해자 보호 4년을 거쳐 이제 형사로 활동 중이다. 주짓수와 역도를 즐긴다.

"여성청소년과 학대예방경찰직으로 일해보는 건 어떠세요?"

기동대에서 막 나온 나에게 들어온 제안이었다. '학대예방경찰관(APO)'은 성폭력, 각종 학대 사건의 예방과 사후관리가 주 업무였다. 예민한 사건을 다루는 일이어서 사실 아무도 지원하지 않는 자리였다. 대학 시절 아픈 경험을 떠올리며 나는 어떻게 할지 망설였다.

여성청소년과는 여성, 아동, 노인, 장애인 등 사회적 약자를 대상으로 한 범죄와 학교폭력 등 청소년범죄를 다루는 부서이다.

신속한 검거뿐만 아니라 피해자의 피해 회복에도 중점을 두기에, 일반 형사 사건은 수사관 한 명이 담당하지만 여성청소년과는 담당 수사관과 피해자 보호 담당인 학대예방경찰관이 배정된다. 112 신고 등 사건이 접수되면 학대예방경찰관이 피해자와 접촉하여 피해 상황을 파악한다. 이어 여성청소년과 과장, 계장, 수사팀장이 모여 모니터링한 내용을 토대로 앞으로의 수사 방향이나 피해자 보호와 지원에 대한 회의를 한다. 이 회의를 통해 피해자에게 필요한 상담 지원, 병원 연계, 경제지원, 법률상담 등 맞춤형 지원이 결정된다.

젠더 폭력과 성인지 감수성 개념이 없었을 때는 수사기관에서 피해자에게 2차 피해(성범죄 피해자에 대한 부정적 처우)를 주는 일들이 빈번했다. 이를 방지하기 위해 경찰조직 내 교육뿐만 아니라 피해자 조사와 상담 등에 여성 경찰관이 투입되었다. 묵시적, 명시적으로 남성 경찰관들을 선호하는 부서와는 다르게 여성청소년과에서는 여성 경찰관들이 꼭 존재해야 하는 부서로 자리매김했다.

학대예방경찰관 제도가 도입된 것은 2013년이다. 하루가 멀다 하게 가정폭력 살인, 아동학대, 노인학대, 성폭력 그리고 스토킹까지 한국 사회가 젠더 폭력의 심각성을 느끼기 시작하던 그즈음, 이에 적극 대응하고자 신설한 자리가 바로 학대예방경찰관이다. 그러나 현장 출동이 잦고, 젠더 폭력의 모호함, 조사 과정에서 경찰의 책임 소재가 일어날 가능성이 커 모두가 꺼리는 일이 되어 버렸다.

학대예방경찰관직을 제안받았을 때 망설였던 이유는 여성 피해자는 여경이, 남성 피해자는 남경이 담당하도록 하는 성 역할 고정관념에 더 불을 지피는 것이라고 생각했기 때문이다. 그리고 고민 끝에 그 자리에 가기로 결정한 데는 말하지 못한 나의 상처가 있었다. 나는 대학 시절, 성폭력 피해자였다. 그때 나는 어디에 피해 사실을 말해야 할지 몰랐다. 누구에게서도 '네 잘못이 아니다'라고 따뜻하게 위로받지 못했다. 다들 내가 겪은 일을 숨기려고만 했다. 내 눈치를 살피기에 급급했다. 나를 향한 낯설고 날 선 시선들 때문에 몹시 외로웠고, 수사기관에 신고하는 것은 더더욱 두려웠다. 두려움과 외로움 속에 울기만 했던 내 모습을 떠올린 나는 여성 피해자들에게 따뜻한 존재가 되어주기로 결심했다.

일은 예상대로 힘들었다. 사건은 날이 갈수록 늘어갔고, 뒤늦은 신고에 실질적인 증거 없이 사건에 매달려야 했고, 여기저기서 욕먹는 일도 잦았다. 그즈음 '남편이 집 안 물건을 다 부순다'는 112신고로 그녀와 처음 만나게 되었다. 가해자인 남편은 현장에서 체포되었다. 수사관의 임시조치 신청으로 가해자는 피해자로부터 100m 접근금지인 임시조치가 결정되었다. 남편은 조현병 환자였다. 가해자의 정신병력과 상습적인 가정폭력으로 재발 우려가 매우 컸다.

그녀는 중매로 남편을 만났다. 집이 너무 가난해서, 고향 어르신들이 돈 있는 집안이라며 남편을 중매해준 것이다. 가난이 싫어서, 부모의 성화에, 잘 알지도 못하는 남편과 두어 번 만나고 바로 결혼했다. 어르신들의 중매로 결혼하고, 결혼하면 애를 낳는 것이 당연한 시절이었다. 그리고 아들 둘을 낳았다. 남편이 술을 자주 마신다는 것은 알았지만 조현병, 편집증을 앓는 정신질환자인 줄은 꿈에도 몰랐다. 남편 집안이 경제적으로 넉넉한 줄 알았는데 그것도 사실이 아니었다. 게다가 남편은 생활력마저 없고 정신질환 때문에 취업도 힘들었다. 매일 술 마시고 들어와 아내를 괴롭히기를 반복했다. 자꾸 어떤 남자들이 쫓아온다며 집 안 창문과 문을 죄다 닫아걸고 아내를 밖으로 나가지 못하게 했다. 허공을 향해 소리를 지르고 욕을 해댔다. 생활비 문제와 알코올중독 치료 문제로 싸움이 시작되면 온갖 물건을 다 던지고 아내를 때렸다. 견디다 못한 그녀에게 우울증 증세가 나타났다. 그런 환경에서 아버지의 폭력에 익숙해진 스물, 스물넷 두 아들도 엄마를 도와주지 못했다. 그녀는 기댈 곳이 없었다.

아무리 정도가 심한 가정폭력피해 가정이라도 피해자와 가해자의 의지가 있다면 회복할 수 있도록 도와주는 것 또한 경찰의 역할이다. 하지만 나는 그녀를 돕고 싶지 않았다. 내심 그녀가 이혼하고 남편 없는 곳에서 폭력 걱정 없이, 우울증도 온전히 치료받고 행복해지기를 바랐다. 하지만 그건 나만의 바람이었다. 그녀는 남편을 다시 받아주고 싶다고 했다. 두 아들이 결혼할 때까지만이라도 버티겠다고 했다. 말리고 싶었지만, 다시 잘살아보겠다는 그녀를 보면서 한 번 더 믿어보기로 했다.

피해자인 아내의 허락으로 남편은 다시 집으로 돌아왔고, 알코올중독 치료를 받을 수 있도록 정신건강복지센터의 중독 프로그램을 연계했다. 경제 능력이 있는 자녀 때문에 기초수급대상이 되지 못하는 형편을 고려해서, 아들이 빨리 취업할 수 있도록 취업준비 프로그램도 소개했다. 그리고 그녀가 우울증 통원치료를 받을 수 있도록 하고, 남편도 알코올중독과 정신질환 약물 관리를 위한 가정방문서비스를 받도록 했다. 꾸준히 모니터링한 결과 남편의 증상은 완화되었고 그녀의 가정은 안정을 되찾아가는 듯했다. 1년간 신고가 없기에, 그녀에게 행복하길 바란다는 말을 전하면서 모니터링을 해제했다.

그리고 몇 달이 지났을까, 다시 신고가 들어왔다. 신고자는 남편이었는데 자기 집을 못 찾겠다고 했다. 술에 취한 목소리였다. 모니터링을 해제할 당시 남편은 알코올중독 치료를 잘 받고 있었는데, 왠지 불안했다. 혹시 몰라서 그녀에게 전화했다. 오랜만의 전화여서 안부 먼저 물었다.

"안녕하세요. 요즘 어떻게 지내세요? 잘 지내시는지 궁금해서 전화했어요."

"저…, 지금 모텔에 있어요. 남편이 때리고 물건 다 집어던져서…, 오늘 아침에 집 근처 모텔로 도망 나왔어요."

나는 바로 그녀를 만나기로 했다. 그녀는 더 야윈 모습이었다. 나의 모니터링이 끝나고 얼마 지나지 않아 남편은 다시 옛날 모습으로 돌아갔다고 했다. 이혼을 요구하니 다시 술을 마시기 시작했고 정신과 약도 먹지 않으면서 상태는 더 악화되었다. 이대로 그녀가 다시 집으로 돌아간다면 상황은 불 보듯 뻔했다. 그녀를 안전한 곳으로 옮기는 것이 우선이었다. 1366임시숙소에 머물도록 주선했다. 이제 그녀는 남편을 떠나 아무도 모르는 곳으로 가고 싶다고 했다. 다시 장기숙소로 옮기도록 주선하고, 겨우 몸만 피해 나온 그녀를 위해 구청과 연계해 긴급생활비지원을 받도록 해주었다. 장기숙소로 가기 전 짧은 인사를 나누었다. 그녀는 머뭇거리면서 빵과 봉투 하나를 내 손에 꼭 쥐여주었다. 봉투 속엔 손글씨로 쓴 편지가 들어있었다.

"경사님 안녕하세요. 모텔에 있으면서 어디에 도움을 요청해야 할지도 모르겠고, 경사님한테 전화해볼까 했는데 민폐일 것 같아서 망설였어요. 그런데 때마침 경사님이 전화를 주신 거예요. 그리고 숙소도 알아봐 주시고, 이혼 법률 상담, 긴급 생활비 지원까지…, 제가 이제껏 살아오면서 받은 관심 중에 가장 큰 사랑과 관심을 받는 것 같습니다. 눈물 날만큼 정말 감사합니다. 경사님 같은 분들이 계시기에 세상이 따뜻하고 살 만한 것 같습니다. 제가 미처 생각하지 못한 부분까지 세심하게 챙겨주신 은혜를 기억하며 살겠습니다."

다시 만난 그녀의 얼굴은 한결 안정되어 보였다. 자기 인생에서 가장 편안한 시간을 보내고 있다고 했다. 여럿이 생활하는 불편한 숙소임에도, 남편에게 맞을 걱정 없는 그곳에서 아침에 눈을 뜨면 그저 행복하다고 했다. 그리고 이제는 남편과 제대로 이혼소송을 준비하겠다는 결심을 털어놓았다.

'세상이 정말 좋아지고 있는 건가?' 4년 동안 여성청소년과에서 근무하며 스스로 이렇게 묻곤 했다. 변화는 뚜렷하다. 가장 크게 느끼는 부분은 '젠더 기반 폭력 사건(상대 성에 대한 혐오를 담고 저지르는 신체적·정신적·성적 폭력. 여기서 젠더Gender는 생물학적 성이 아닌 '사회적 성'을 뜻한다. 즉 남성성과 여성성을 바탕으로 약자에게 가해지는 폭력을 말한다)'에 대한 세상의 관심이 지속적으로 늘고 있다는 점이다. 분명 4년 전보다 신고 건수가 크게 늘었지만, 이는 음지에서 가려져 있던 가정폭력과 아동학대, 노인학대가 양지로 드러난 것이고, 가정사 또는 개인적인 문제로 치부되던 경찰 조치 방식도 법 제정과 더불어 형사제도권 안으로 들어온 결과이다. 불과 2년 전까지만 해도 없었던 '스토킹' 112신고 코드가 새로 신설된 것도 비슷한 맥락이다.

미숙하던 나도 많은 피해자를 만나 해결 방안을 찾으면서 더 단단해졌다. 과거의 내 상처는 피해자들의 아픔을 공감하는 데 소중한 자산이 되었으며, 때로는 아무런 증거가 없는 강간, 강제추행과 같은 수사에서 피해자 진술을 분석하는 데 도움이 되기도 했다. 가끔 여경에 대한 차별과 혐오의 시선에 위축되기도 하지만, 그때마다 빵과 편지를 주고 간 그녀를 비롯한 나의 '억울하고 힘없는 피해자'들을 떠올린다. 나의 작은 관심이 누군가에게는 '가장 큰' 사랑일 수 있다는 생각으로, 그렇게 세상을 나아지게 하는 큰 힘이 되는 것이라고, 나는 그런 믿음으로 일하는 경찰이 되고 싶다. ◆

▼

여자 형사라서
여자 편에 서는 겁니까

수사관 K • 형사를 꿈꾸며 경찰이 되었다. 한 사람이라도 억울한 사람이 없도록 노력하는 수사관이 되고 싶다. '사건 해결에 대한 열정만 있으면 여경, 남경은 의미가 없다'고 믿는다.

어릴 적부터 영화나 드라마 속 나쁜 놈들을 추적하고 검거하는 형사가 멋있어 보였다. '그래, 나의 꿈은 형사다! 피해자의 말에 귀를 기울이며, 온갖 사건을 해결하는 형사가 될 거야!' 역시 꿈은 쉽게 이룰 수 없는 것일까. 경찰이 된 뒤 형사과를 지원했지만, 번번이 좌절해야 했다. 형사과는 밤샘 근무 등 체력적으로 고되고, 여타 부서보다 근무 여건이 열악하고 힘들어서 남성 경찰관을 선호한다는 것이 거절의 첫 번째 이유였다. 형사과에 지원할 때마다 "여경은 버티기 힘들어요."라는 답변을 들었다. 그러나 나를 격려해주는 선배가 있었다.

"예전과는 다르게 여성 피해자와 피의자가 많아지고 범죄도 지능화되면서, 오히려 '여성'이기에 형사과에서 환영받을 수 있다는 이점이 있다. 사건 해결에 대한 열정만 있으면 여경, 남경을 구분할 의미가 없다."

선배의 말을 듣고 나는 계속 형사과를 두드렸다. 그렇게 3번 도전한 끝에 형사과로 발령이 났다. 어릴 적부터 그토록 동경해왔고, 어렵게 지원하여 들어온 자리인 만큼 책임감을 가지고 열심히 잘하자! 나는 정말이지 주먹을 불끈 쥐었다.

그러나 형사과 업무를 시작한 첫 당직 날이었다. 나의 첫 사수가 지나가면서 나에게 한마디 툭 던졌다.

"형사 업무가 마치 액션 영화처럼 멋지게 사건이 해결되지 않아. 더군다나 너는 여경인데 할 수 있겠어? 견딜 수 있겠어?"

사수의 말이 맞았다. 영화처럼 사건이 해결되기란 만무했다. 제정신이 아닌 주취자의 폭행 피의자 조사, 횡설수설 정신질환자 응급 입원 조치, 화재, 살인과 자살, 각종 변사 사건 등 매일 이어지는 사건 사고에 조금씩 지쳐갔다. 그러나 그때마다 마음을 다잡았다. 형사에 대한 드라마틱한 환상은 깨졌지만, 치열한 현장을 실감하며 더 단단해지는 과정으로 나아가는 중이라고 열심히 해보자고.

형사팀 발령 후 처음으로 맡은 일이 '데이트 폭력 사건'이었다. 자신의 집에 오래전 헤어진 남자친구가 무단으로 들어왔다는

112신고로 경찰이 출동하여, 술에 취한 채 신고자 집에 비밀번호를 누르고 침입한 피의자를 현행범으로 체포했다. 지구대로부터 신병과 사건을 인계받아 조사에 들어갔다. 사건 파악을 위해 신고 여성의 진술부터 청취하려고 했는데, 그녀는 극도의 불안으로 손발을 떨며 좀체 입을 떼지 못했다. 우선 피의자로부터 보호하기 위해 해바라기센터(여성피해자보호센터)에 연락하여 임시숙소에서 안정을 취하도록 했다.

그런데 지나치게 불안과 공포에 떠는 그녀의 모습이 마음에 걸려 피의자에 대해 전과 여부를 확인했다. 예감이 맞았다. 이미 1건의 신고가 접수되어 있었다. 피해자가 1주일 전에 옛 남자친구에게 강간을 당했다며 112신고를 해온 것이다. 그리고 1주일 만에 주거침입으로 신고가 또 들어온 것이다. 최초 신고가 접수된 여성청소년팀에 강간 피해사실, 접수 경위 등을 확인하고자 담당 수사관에게 연락을 했더니, 사건 접수 직후 피해자로부터 처벌을 원치 않는다는 '처벌불원서'가 제출되어 피해자 및 피의자 조사 없이 사건을 곧 종결할 예정이라는 답변을 받았다. 피의자에게서 협박을 받아 자기 의지와는 상관없이 처벌불원서를 제출했을 가능성이 높아 보였다.

마음이 급해졌다. 사건이 이대로 종결되면 주거침입 건만으로는 구속 사유(주거부정, 도망, 도주 우려, 재범 위험성)가 부족하기 때문이다. 그러면 이후 피의자가 또 여성에게 어떤 일을 저지를지 모를 일이었다. 나는 담당 수사관에게 피의자의 주거침입 신고 사실을 알리고, 강간 사건과 병합하여 구속 영장 신청 여부를 검토하겠으니 사건을 나에게 인계해달라고 요청했다. 흔쾌히 사건을 넘겨받으면서 본격적인 수사가 시작되었다.

새벽에 만취 상태로 현행범으로 체포된 피의자는 아침이 돼서야 깨어났다. 주거침입 이유 등 경위를 묻는 나에게 그는 짜증 가득한 얼굴로 답했다.

"내가 내 여자친구 집에 들어가는데, 무슨 문제 있어? 여자 형사라고 여자친구 편에 서서 아무 죄도 없는 사람을 이렇게 막 몰고 가도 되는 건가?"

순간 나는 고개를 들어 피의자를 쳐다보았다. 그가 술에 취해 곯아떨어진 새벽 내내 사건을 파악하느라 분주했던 나에게 '여자 형사라서 편중 수사' 운운하다니! 몹시 불쾌했다. 피의자는 내 눈빛과 무거운 정적 때문인지, 아니면 자신의 말실수를 뒤늦게 깨달았는지 "죄송합니다."라고 재빠르게 사과했다. 하지만 아니나 다를까 이어진 질문에 그는 일관되게 답했다.

"술 마셔서 아무 기억이 나지 않는다고요."

피의자는 모든 혐의를 부인했다. 강간 혐의와 주거침입 모두 피해자가 동의했다고 주장했다. 피해자와 피의자의 진술이 엇갈리므로 사건을 객관적으로 보기 위해 증거확보에 나섰다. 한편으로는 내가 여자 형사이기에 여성 피해자 편을 든다는 피의자의 말이 정확하게 틀렸다는 것을 증명하고 싶었다. 피의자의 사건 당일 이동 동선을 일일이 파악하고 현장에 나가 피해자의 주소지 인근 CCTV 영상부터 체포 당일 현장 근처 CCTV까지 모조리 확보하였다. 다행히 피의자가 현관 비밀번호를 직접 누르는 장면, 못 들어오게 막는 피해자를 밀치는 장면 등을 확보하여 주거침입 혐의를 입증할 영상을 찾았다. 그러나 강간 범죄 특성상 대부분 내부에서 범행이 이루어지기에 강제성을 입증할 수 있는 CCTV영상은 확인할 수 없었다.

여기서 그칠 수는 없었다. 피해자 상대로 2차 진술을 더 구체적으로 확인했다. 피해자의 불안한 심리 상태 등을 고려하여, 피해자가 머무는 임시숙소 인근 치안센터에서 조사를 이어갔다. 그녀가 사건 당일 기억을 낱낱이 기억해낼 수 있도록 독려하고, 사건 당일은 물론 약 한 달간 두 사람 사이에 오간 문자와 카카오톡 분석에 들어갔다. 그 결과 혐의가 상당하여 구속 영장을 신청하였고 도망 및 도주 염려로 구속영장이 발부되었다.

구속 영장이 발부되던 당시 그녀는 조금은 안도한 듯한 얼굴로 말했다. "형사님, 고맙습니다." 그 말 한마디가 내 마음에 그대로 박혔다.

몇 년이 지난 지금도 그녀의 목소리가 생생하다. '고맙다'는 말 한마디가 가진 힘. 경찰로서 힘든 나날을 이겨낼 수 있게 하는 것은 물론 경찰로서 더욱더 잘하고 싶게 만든다. 여자 형사라서 여

자 편을 드는 게 아니라, 나를 포함한 모든 경찰이 정의와 진실의 편임을 새삼 되새긴 사건이기도 하다. ◈

은혜도 모르는 못된 딸이
경찰이 되었습니다

별하비 • 20대 또래 여성들과 주거공동체를 이루며 살고
있다. 여성과 아동 피해자를 위해 늘 고민 중. 인생에 사랑과
음악은 꼭 있어야 한다고 생각하는 낭만경찰.

1990년대 중반 20대 부부가 딸을 낳았다. 몇 년 뒤 딸아이 밑으로
남동생이 태어났다. 어느 해 명절날 아이는, 남동생을 품에 안으며
'고추 달렸다'고 좋아하는 할머니의 들뜬 목소리와 사촌언니의 울
음소리, 큰아버지의 고함이 공명하는 곳에 조마조마한 마음으로
앉아 있었다. 또래 친구들은 명절에 세뱃돈 받는다고 좋아했지만
아이에겐 끔찍하기만 한 날이었다.

　　20여 년이 지금도 악몽처럼 찾아오는 내 어린 날의 기억들.
가정폭력이 일어나면 112에 신고를 해야 한다고 배웠지만, 대체

어느 타이밍에 통화 버튼을 눌러야 할지 고민하다가 휴대폰을 내려놓기 일쑤였다. '소리 지르는 것도 신고해도 되나?', '경찰이 오면 조용해질까?', '아냐 이번엔 물리적 폭력이 있었잖아?' 머릿속으로 수없이 주저하다가 이러다 큰일 날 것 같다 싶은 순간 112 버튼을 눌렀다. 그러나 이후 내 눈앞에 벌어진 상황은 신고 전보다 더 끔찍했다. 출동한 경찰관은 울고 있는 동생에게 '그래도 아빠인데…'라는 말을 남기고는 그대로 돌아갔다. 그 '말 같지 않은 말'에 남매는 무기력함을 느꼈다. 그리고 나는 집안에서 '아빠를 경찰에 신고한 은혜도 모르는 못된 딸'이 되어있었다.

열아홉 살의 내가 지긋지긋한 집구석에서 탈출하기 위해서는 먹을 것과 누울 자리를 내어주는 대학이 최선이었다. 그리고 가정폭력 현장에 출동해서, '말이 안 되는 소리'를 지껄이지 않는 경찰이 되자고 결심했다. 그래야 내가 겪은 무시무시한 일들이 왜 일어나야만 했는지, 어쩌면 유일하게 긍정적인 이유를 찾을 수 있을지도 모른다고 생각했기 때문이다. 내 삶에서 경찰대 입학은 당연한 선택이었다.

경찰이 되고 나서 나는 아동학대와 성폭력 사건을 수사하는 여성청소년강력팀에 지원했다. 떠올리기만 해도 고통스러운 내 경험들이 이제는 의미를 가질 수 있고, 나의 꿈을 실현할 수 있을 거라는 기대감에 설렜다. 하지만 인사이동 시기마다 반복적으로 듣는 말에 무력감을 느끼고 실망하기를 여러 번이었다. '그 팀에 이미 여경 하나 있잖아.' 각 부서의 장들이 부서원들을 선발하고 배치하면서 꼭 고려하게 되는 것, 바로 '여경은 한 팀에 여러 명이면 안 된다'라는 것이다. 같은 계급이 두 명이면 서로 고과를 양보하면 괜찮고, 같은 출신이 여러 명이어도 서로 물어가며 배울 수 있어서 좋지만, 유독 여경이 두 명인 건 팀에 해로운(?) 일이 된다. 여경은 '여경 자리'에만 갈 수 있었다. 언론이나 논문에 언급되는 '유리천장'과 '유리벽'이라는 단어로는 이 감정들을 다 표현할 수가 없었다. 너무 억울하고 화가 났다. 그러다 체념하고 다시 또 다른 '여경 자리'를 알아봐야 하는 내 모습에 속이 쓰렸다.

예외적인 행운이 나에게 찾아왔다. 여경이 둘인 여성청소년 강력팀의 일원이 된 것이다. 막상 원하는 부서에 가게 되자 과연 나의 아픈 어린 시절을 마주하면서 잘 견딜 수 있을지 두려웠다. 그러나 '애가 좀 멍청하게 생겼더만', '애가 저렇게 문제가 많으면 저 정도는 때릴 수 있지'라고 말하는 아동학대에 무심한 이들보다 내가 더 절실하게, 진심으로 수사할 수 있을 테니 다행이라는 생각이 들었다. 성폭력 피해 여성이나 피해 아동의 이야기를 듣는 일은 주로 내게 맡겨졌다. 같은 시간 피의자를 상대하는 남경과 달리, 피해자 보호 업무는 '여경이라서' 으레 하게 되는 업무였다. 여경을 인정하지 않는 분위기에 보란 듯이 더 잘 해내기 위해 노력하는 수밖에 없었다.

아동학대와 성폭력 사건을 다루면서 상반되는 부모의 유형을 보게 되는데, 특히 조현병을 앓는 성폭력 피의자의 부모 중에는 무조건 자식을 감싸고 잘못을 인정하지 않는 경우가 있다. 이들은 병을 이유로 선처를 호소하는데, 정신질환과 심신미약을 내세우는 피의자들은 점점 늘고 있다. 내가 만난 '조현병을 앓는다'는 남성들은 겉으로는 평범하다. 수년 또는 수십 년간 약 복용을 하며 꾸준한 치료를 받고, 대중교통을 이용하여 출퇴근한다. 다른 사람을 때리거나 물건을 훔치거나 다른 범죄로 수사를 받은 적도 없다. 그런데 유독 여성이 옆에 있는 상황에서만 '충동 조절'을 못한단다. 성추행으로 신고된 조현병 환자의 부모들을 신뢰관계인으로 동석해 조사하다 보면, 대부분 '우리 아들은 착해서', '애가 아파서', '피해자가 별것도 아닌 일을 신고해서' 등, 어떻게든 자기 아들이 '고의로 피해 여성의 신체 부위를 만져 추행'한 사실을 부인한다. 이렇게 부모가 나서서 고의를 부정해주고, 장애가 있다는 이유로 형을 감경해주는 판결들, 그리고 이를 학습한 남성들에 의해 성범죄 피해를 보는 여성은 늘어나고 있다.

무조건 자식을 감싸는 부모의 대척점에 아동학대가 있다. 아이를 낳아 키워보지 않아서인지 모르겠지만, 아동학대 사건을 다룰 때 나는 부모보다 아이들 입장에 더 이입한다. 내가 어린 시절 겪은 무섭고 끔찍한 감정 속에 있는 아이들, 자신이 경험하는 것이 학대라는 사실조차 인지하지 못한 아이들을 어떻게 하면 안전하게 보호하고, 아동학대 행위자들에게 그건 잘못된 행위니 멈춰달라는 메시지를 확실하게 전달할 수 있을지 늘 고민한다.

학대 정황 신고를 받고 출동하게 되면, 아이와 학대 행위자를 분리하는 '임시조치'부터 검토한다. 아무 일 없는 듯 평범하게 보이는 상황으로 판단하고 돌아서는 순간, 학대는 은밀하고 더 강하게 이뤄지기 때문이다. 아동학대 신고야말로 아이가 잡을 수 있는 유일한 희망이다. 그래서 세심하게 살피고 의심하는 것이 조사의 시작이다. 임시조치를 결정하고 상황을 설명할 때는, 아이의 두 눈을 마주치며 또박또박 말해준다.

"어른은 아이를 때려서도 욕을 해서도 절대 안 되는 거야. 지금 일어난 일들은 너 때문이 아니야. 엄마 아빠가 이곳에 온 것도 잘못된 행동을 배우는 시간이 필요해서 그런 거야."

부모를 신고해서 곤란한 상황에 처하게 했다며 자책해서는 안 되기 때문이다. 자신을 지켜주어야 하는 사람이 자신을 해쳤다는 모순된 상황에 불안했을 아이에게 '여기는 안전해. 경찰이 너를 지켜줄게'라는 믿음을 주고 싶다. 그런데 임시조치 신청은 종종 검찰 단계에서 기각된다. 나의 마음이 조서에 온전히 전달되지 않은 것일까? 두려움 가득한 아이의 표정과 목소리, 아동학대 행위자의 뻔뻔한 태도가 아닌 기록만을 먼저 접했기 때문일까? 그때마다 자책과 아이들 걱정에 마음이 복잡해진다.

학대 행위자는 쉽게 잘못을 인정하지 않는다. 아이에게 욕설을 하면서 머리를 때리고 물건을 집어 던진 피의자는 "애 한 대 때린 것 가지고 징역 살고 접근금지하고 그러면 애 학원비는 누가 대나요?"라고 소리친다. 아이에게 왜곡된 사고를 심어주면서 가스 라이팅을 지속하는 피의자는 "그것 봐, 네가 아빠한테 성질내면 경찰이 와서 아빠를 못 보게 할 거라고 했잖아."라고 윽박지른다. 그 곁에서 주눅 들고 눈치 보고 눈물짓는 아이들. 피의자들이 뱉어내는 말을 들으면서 매일매일 나는 아프다. 이 '말 같지 않은 말'들을 견딜 수가 없다.

수사는 객관적인 시각에서, 증거자료를 바탕으로 판단한다. '나는 경찰관이니까', 순간순간 감정을 누르려고 애를 쓴다. 아이의 몸과 마음을 짓밟고도, 입이 떡 벌어지는 폭력과 욕설을 행사하고도 당당하게 출석하는 아빠, 적반하장격으로 아이 얼굴도 보기 싫으니 접근금지(가정법원 판사의 임시조치 결정을 통해 학대 행위자를 피해 아동과 주거, 학교 등으로부터 100m 접근금지를 할 수 있고, 연장 신청이 가능하다) 기간을 연장해 달라는 엄마. 아이에게 문제가 있는데 어쩔 수 없는 일 아니냐며 학대행위를 방관하는 주위 어른들…. 그들을 만날 때마다 감정적으로 행동하지 않으려고 심호흡한다. 내가 전적으로 피해 아동을 지켜줄 수 있는 수단이 많지 않아 결국 보호자를 설득하고 지역사회에 도움을 요청하지만, 수사관으로서 피의자들에게 꼬리표를 달아주고 싶다.

'당신의 생각은 틀렸습니다.'

'당신은 조금 실수한 부모가 아니라 아동학대 범죄자입니다.'

사람들은 매일 같이 아동학대 사건을 다루다 보면, 인간을 불신하게 되고 힘들지 않냐고 묻는다. 힘들지 않다고 하면 거짓말이다. 하지만 무너진 마음 한쪽에는 피해자로 만난 아이들의 얼굴과 목소리가 차곡차곡 쌓인다. 내 진심이 닿아 아이들 스스로 자신이 얼마나 소중한 존재인지를 알고, 안전하게 생활할 수 있기를 바라는 간절함이 나를 단단하게 지탱한다. 힘들지 않냐는 물음에 이제는 답할 수 있다.

"아니요. 제가 아동학대범죄 수사관이라서 얼마나 다행이고 감사한지 모릅니다." ◆

여기 여자가 어딨습니까,
경찰이지!

김소영 · '모든 경험은 좋은 거름이다'라고 믿는 초긍정주의자. 경찰이 모든 걸 다 해결할 수는 없지만, 누군가에게는 삶의 결정적 구조자가 될 수 있음을 가슴에 새기고 있다.

지구대 순찰팀에서 내근직인 관리반으로 발령이 났다. 애초 나는 현장에서 일하기를 강력하게 요청했다. 관리반에 공석이 생겨 급하게 적임자를 물색했는데 마땅치 않아 나에게 제의가 들어왔다. 나는 정중히 거절했다. 그러나 지구대장님이 다음 인사 때까지 6개월만 근무해볼 것을 간곡하게 요청했다. 상사의 부탁을 여러 번 거절하는 것도 예의가 아닌 듯하여 관리반으로 이동했다. 어찌 보면 강제발령이었다.

관리반에서 내가 맡은 업무는 행정 분야였다. 경찰서 각 부서에서 요구하는 관련 보고서를 만들고, 지구대장님과 팀원들을 보조하면서 근무 일정을 챙기는 등 할 일이 많았다. 경찰 업무 전반에 대한 이해가 있어야 여러모로 수월한데, 현장 경험만 있는 나에게는 힘든 일이었다. 게다가 관리반의 다른 여경 선배가 임신한 터라 선배의 일을 조금씩 돕는다고 한 것이 전부 다 내 차지가 되어버린 듯했다.

구역별 자율방범대원 관리부터 아동안전 지킴이 어르신 관리, 비닐하우스촌 화재대비 관리 등, 일은 줄지 않고 버겁기만 했다. 어느 날 컴퓨터 화면을 보다가 눈이 너무 시리고 날카로운 통증이 느껴졌다. 눈병이었다. 본의 아니게 꿀맛 같은 휴식을 보낼 수 있었는데, 돌이켜 생각해보면 업무에 서툰 나와 같이 일한 지구대장님이 더 힘드셨겠구나 싶다. 내가 올린 보고서를 보고 나무라기보다는 한숨을 내쉬면서, 돋보기안경을 올렸다 내렸다 하며 하나하나 오류들을 고쳐주셨으니 말이다.

약속한 6개월이 다 되어갔다. 관리반 탈출을 고대하던 나에게 '여경인데 순찰팀보다는 관리반 내근이 낫지 않느냐', '왜 그렇게 순찰업무를 고집하느냐', '이왕 일을 배웠으니 조금 더 해보라'는 주위의 설득이 이어졌다. 나는 확실히 현장 체질인데, 여자라는 이유로 내근직을 권하니 속이 탈 지경이었다. 그때 다른 청에서 관리 분야에 유능한 '남경' 선배가 전입을 왔다. 드디어 관리반에서 탈출이 가능해진 순간이었다.

현장과 내근, 양쪽 업무를 경험하는 동안 나는 언어와 행동 면에서 경찰관의 모습을 자연스럽게 갖춰 가고 있음을 느꼈다. 당당함, 용기, 침착함, 냉정함 그리고 사려 깊음 등, 경찰다움의 요소가 이런 것들이라면, 언제나 몸에 흐르고 있어야 하는 것은 '긴장'이다. 현장에서는 늘 돌발변수가 발생하기 때문이다. 그래서 내가 출근할 때마다 "그래, 못 해도 자신감이다!"라고 주문을 외우는지도 모른다.

추석날이었다. 명절이니 경찰관도 쉬라고 하는 건지 날씨도 좋고 신고도 없고 모든 게 평온하기만 했다. 한가로이 퇴근 시간만 기다리고 있을 즈음, '○○음식점에서 남성 두 명이 주인을 괴롭힌다'는 내용의 112신고가 떨어졌다. 현장에 도착하니 남성 두 명이 인도 경계석에 걸터앉아 있었다. 경찰관을 발견한 가해자 중 한 명이 나를 가리키며 "여자다!"라고 큰소리쳤다. 나는 더 크고 단호한 목소리로 말했다.

"여기 여자가 어딨습니까! 경찰이지!"

두 가해자는 반성의 기미는커녕 좀 봐달라며, 지폐 몇 장을 함께 간 선배의 손에 쥐여주려고 했다. 음식점 주인은 울면서 두 남자가 장사도 못 하게 행패를 부리며 때리기까지 했다고 피해 내용을 침착하게 이야기하였다. 피해자과 가해자를 분리한 후 상황을 파악하니 현행범 체포 요건이 인정되어 미란다 원칙을 고지한 후, 체포하려고 팔을 잡으려는 순간 갑자기 가해자들이 밀치면서 저항하기 시작했다. 두 남자와 선배와 나, 각각 일대일 상황이 되었다. 돌발상황에 무전으로 지원 요청을 하고 채증을 해야겠다는 생각이 들어 주위에서 구경하던 사람에게 핸드폰을 주며 영상을 찍어달라고 부탁했다.

'명절이라 별일 없겠거니', 했는데 너무 안일했던 것인가. 현장에 출동하면 상황이 종료되기 전까지 긴장의 끈을 놓치면 안 되는 것을 아차, 싶었다. 가해 남성이 주먹을 들어 달려들기에 거리를 벌리기 위해 본능적으로 발을 올려 밀어차기를 시도했다. 그랬더니 남성이 소리를 질러댔다.

"민주 경찰이 사람 치네!"

그 수에 말리지 않은 나는 재빠르게 남성의 팔을 잡아 수갑을 채웠다. 그 사이 선배도 다른 남성을 제압했다. 두 남성을 바닥에 눕혀 몸으로 밀착, 누르면서 지원 순찰차가 오길 기다렸다. 수갑을 채우는 과정에서 손가락을 다치긴 했지만, 상황이 정리되어 피해자가 안심할 수 있게 되니 다행이라는 생각부터 들었다.

가해자들을 형사계에 인계한 뒤, 공무집행방해 부분에 대한 간단한 조사를 받다 보니 이미 퇴근 시간이 훌쩍 지나 있었다. 퇴근하려는데 경찰서 앞에서 사건 피해자 아주머니를 만나게 되었다. 아주머니는 집에 가야 할 차가 없다며 걱정을 하고 있었다. 경찰서와 피해 장소인 음식점 사이의 거리가 꽤 먼 데다, 가족과 함께하는 명절에 장사하다 피해를 봤다는 사실에 조금 안쓰러운 생각이 들었다.

"제 차 타세요. 태워다 드릴게요."

식당에 도착해 내려드리려는데 아주머니가 식사 시간도 지났는데 같이 저녁 먹고 가면 안 되겠느냐고 하셨다. 몇 번의 거절 끝에 배도 고프고, 명절이 뭐길래 혼자 밥을 먹고 싶진 않아 차에서 내렸다. 아주머니와 나란히 마주 앉아 갓 끓인 따끈한 된장찌개와 계란프라이를 먹었다. 여태까지 먹었던 밥 중에 가장 따뜻하고 뜨겁고 맛있는 명절 밥상이었다.

저항하는 주취자를 제압하는 것은 쉽지 않다. 남녀를 불문하고 사람에 따라 신체 능력이 다르고 개인의 특성에 따라 처리 방식이 다르다. 이 점을 인정하면서도, 유독 여경은 여성이라는 이유로 힘이 약하고 무용한, 오히려 보호받아야 할 존재로 바라본다. 그래서 여경은 업무를 시작해보기도 전에 무능한 경찰관으로 낙인찍힌다. 나 또한 어릴 적부터 경찰의 꿈을 꾸며 여러 운동을 하며 몸을 단련해 왔지만, 경찰 동료와 시민들로부터 여전히 불안한 시선을 받는다. 그래도 배우고 익힌 대로 현장에서 피의자를 제압하고 사건을 해결해 내면서, 여경에 대한 편견이 깨지고 있음을 실감할 때가 점점 늘고 있다.

저녁 시간에 112신고가 들어왔다. '시장에서 행패 소란'이라는 내용의 신고 출동을 하게 되었다. 현장에는 거구의 주취자가 화분을 깨고 소리를 지르며 위협적으로 소란 행위를 하고 있었다. 진정시키고 제지하려 했지만 통제가 되지 않아 업무방해로 현행범 체포를 해야 했다. 지원요청을 하기도 전에 촉이 좋은 우리 팀의 에이스 선배님이 경광등을 번쩍거리면서 오토바이를 타고 나타나 우리 대응력은 더 힘을 얻었다. 저항이 심하여 몸싸움이 불가피했고 힘을 모아 함께 제압하려던 순간 뒤에서 구경하던 어떤 사람이 내 팔을 잡으며 말했다.

"아가씨 다쳐요, 뒤로 피해 있어요!"

돌아보니 우리 엄마와 비슷한 나이의 아주머니였다. '그래 자식 같아서 그렇게 말씀하셨겠지.' 나는 그렇게 생각하고 싶었다. 제복을 입은 경찰관이지만, 그 전에 여성이라는 이유로 여성 경찰관도 보호의 대상으로 보이는 것인가. 씁쓸했다. '그렇다고 내가 보호 본능을 갖게 할 정도로 왜소한 체격은 아닌데….' 주취자는 워낙 덩치가 크고 힘이 좋아서 제압이 수월하지 않았다. 같이 출동한 선배와 허리를 감싸고 한 분은 다리를 잡아 겨우 지면에 눕혔다. 그런데도 버티면서 상체를 일으키려 하자 하는 수 없이 무릎으로 머리 부분을 눌러 제압했다. 이때 같이 출동한 선배 경찰이 미소 지으며 말했다.

"도와줘서 고마워요!"

나는 당연히 내 역할을 한 것뿐인데, 도와줘서 고맙다니! 그 말은 지금도 생생하다. 여경에 대한 왜곡된 보도와 선동에 가끔 힘이 빠지기도 하지만, 그래도 피해자의 고통을 내 것으로 여기며 묵묵히 일하는 데서 느끼는 보람. 그리고 무엇보다 함께 일하는 동료들에게서 듣는 '고맙다'라는 말에 그간 여경으로서 느낀 설움이 눈 녹듯 사라진다.

'젊은 경찰관이여, 조국은 그대를 믿노라.' 글귀를 가슴에 다시 새기며 오늘도 한 명의 경찰로서 힘을 낸다. ◈

내가 있어야 할 곳은
지구대!

이지은 • 남보다 많이 웃고 울고 화내고 기뻐하는 편. 세상에는 재미있고 궁금한 일도 가득하지만 부조리한 일도 많아 '호기심 많은 나'와 '참여하는 나' 사이에 균형 잡기를 시도 중이다.

나는 최초의 지구대장 출신 '총경'이다. 총경은 경찰조직 상위 0.5%의 고위직이면서도 현장 지휘관인 경찰서장의 직급이어서 '경찰의 꽃'이라 불린다. 그러나 내가 이 계급에 느끼는 남다른 자부심은 이런 이유 때문만은 아니다. 지구대(파출소 포함)는 전국에 총 2,034개로, 경찰의 풀뿌리와 같은 중요한 조직이지만 총경 승진과는 거리가 먼 곳이다. 그래서 지구대에서 승진하겠다는 나의 결심은 어찌 보면 무모한 도전이었다. 하지만 '현장 경찰관'을 꿈꾸며 경찰이 된 나는 관리자형 경찰관으로 남고 싶지 않았다. 고민 끝에 동기들이 시도 경찰청으로 옮겨갈 때 나는 지구대를 지원했다. 경찰 입문 16년, 시계를 거꾸로 돌린 셈이다.

지구대에 와서 가장 처음 한 일은 관내로 이사를 한 것이다. 유흥가가 밀접한 주택가, 정확히는 강간 사건이 일어난 현장 바로 앞집으로 이사했다. 범죄를 '업무'가 아니라 '생활'로, '경찰'이 아닌 '주민'의 입장에서 고민하고 싶었다. 그 동네에서 며칠 살아보고 난 뒤에야 왜 주민들이 '주차장이 무섭다', '골목길이 어둡다'고 하는지 이해할 수 있었다. 나는 늘 고위 공직자들의 관사는 우범지대에 있어야 한다고 생각해 왔다. 그만큼 원인 파악과 환경개선이 빠르게 이뤄지기 때문이다. 나의 지구대 생활은 그렇게 시작되었다.

어느 추운 겨울 일요일 새벽, 우연히 술집 앞에서 20대 여성과 마주친 한 남성은, 바로 앞 빌라를 가리키며 "저 집이 우리집인데 가서 한잔하자."라고 했다. 여자가 머뭇거리는 사이 남자는 여자의 가방을 낚아채 빌라 쪽으로 빠르게 걸어갔고, 여성은 "제 가방 주세요."라고 소리치며 그 뒤를 쫓아갔다. 그리고 빌라로 들어가는 공동현관문이 열리는 순간 남자는 여성의 머리채를 잡아 빌라 2층으로 끌고 올라갔다. 이어지는 무차별적 구타에 여성은 속수무책으로 강간을 당했다.

조용한 일요일 새벽. 빌라 복도에 울려 퍼진 여성의 울부짖음이 2층에 거주하는 여섯 세대에 들리지 않았을 리 없다. 어떤 한 집은 빼꼼히 문을 열었다가 다시 닫았던 것으로 보아, 그 광경을 목격했을 터임에도 신고를 하지 않았다. 30분이 지나서야 시끄러운 소리를 견디다 못한 3층 사람이 경찰에 신고했다.

출동한 경찰에게 남성은 "내 여자친구인데 조용히 할 테니 가라."고 했다. 옆에 쪼그리고 앉아 있던 여성은 울기만 할 뿐 아무 진술도 하지 않았다. 수상한 분위기를 눈치챈 경찰관들이 계속해서 질문을 던지자 남성은 화를 내며 경찰관에게 주먹을 휘둘렀다. 공무집행방해로 현행범 체포를 하고 CCTV를 확인하고 나서야 사건의 진상이 드러났다. 지구대로 들어오는 여성의 얼굴은 벌겋게 부어있었고, 다리 사이로는 붉은 피가 흘렀다. 20대 초반 앳된 모습의 여성은 나중에 조사를 받겠다며 당장 집에 가고 싶다고 했다. 그러고는 고개를 숙인 채 말했다. "혹시 부모님이 알게 되거나 다른 사람이 물어보면 저 성폭행 아니라 그냥 폭행당했다고만 해주세요." 죄 없는 피해자이지만, 성범죄만큼은 피해자로 밝혀지는 것을 극도로 꺼리는 그 복잡한 마음을 직감적으로 알 수 있었다.

가해 남자는 그 빌라에 살고 있지 않았다. 게다가 빌라 공동 현관문은 잠금장치가 없었다. 잠금장치만 되어있었다면 피해를 막을 수도 있었을 것이다. 나는 잠금장치 설치를 권고하러 건물주를 찾아갔다. 건물주는 "잠금장치 해도 주민들이 배달음식 시켜 먹느라 비밀번호를 다 알려주는 판국인데 무슨 소용이냐."라며 마뜩잖아했다. 오히려 경찰이 자꾸 들락거려 사건이 소문나면 집값만 내려가니 더는 찾아오지 말라는 소리를 들었다.

문전박대를 당하고 돌아오는 내내 머릿속이 복잡했다. '경찰이 범인을 검거했으면 된 거지, 이런 수모를 당하면서까지 굳이 뭘 더 할 필요가 있을까.' 그러나 여기서 그만두자니 우범지대인 이곳에서 또 다른 피해자가 생길 것이 마음에 걸렸다. 무엇보다 무차별적 폭행을 당하던 그녀를 더 절망스럽게 했던 것이 주변의 무관심이었을 거라 생각하니 나마저 그래서는 안 되겠다 싶었다. 나는 나의 할 일을 하기로 했다. 지역 자율방범대의 협조를 구하고 지구대원들에게 매일 밤 그 지역을 정기적으로 순찰하게 했다. 구청에 건의하여 CCTV를 후미진 곳마다 설치하고, 주변 가로등 조도를 높이도록 조치했다. 그 뒤 그 부근에서는 비슷한 어떤 범죄도 일어나지 않았다.

나의 관심이 타인의 삶에 영향을 미칠 수 있음을 새삼 확인한 일은 또 있었다. 자기 집에 누군가 몰래 침입한 것 같다는 신고가 들어왔다. 신고인은 혼자 사는 젊은 여성이었다. 담당 형사가 조사를 했지만 침입에 대한 이렇다 할 증거는 없었다. 집 안에는 없어진 물건도 없었고, 그 집 주변엔 CCTV도 없어 침입 여부를 확인할 수 없었다. 이대로라면 내사종결 수순이었다. 겉으론 별문제 없어 보이는 사건이었지만 신고가 접수된 지 한 달도 안 되어 신고자인 여성이 이사한다는 소식을 들었다. 뒤늦게 무언가 놓쳤음을 깨닫고 그녀에게 전화를 했다. 사건이 일어난 날부터 그녀는 극심한 공포와 불안에 시달리고 있었다. 경찰에 여러 번 확인 전화를 했지만 '조사중'이라는 말만 들었고, 순찰을 돌아달라고 했지만 그녀의 눈에 순찰차는 보이지 않았다. 직접 사비를 들여 CCTV까지 달았던 그녀는 침입자가 자신의 얼굴을 알고 있을 거라는 생각에 외출도 제대로 하지 못했고, 집 안에 있으면서도 누가 또 침입할까 봐 CCTV만 지켜보고 있었다. 견디다 못한 그녀는 결국 이사를 결정했다.

"나는 무서웠는데, 경찰은 내가 필요로 할 때 내 옆에 없었습니다. 이러다 내가 누군가에게 공격받아 죽게 되면, 그제야 내게 관심을 가질 건가요?"

그녀의 마지막 말에 가슴이 쿵 내려앉았다.

경찰의 임무에는 피해자 지원도 포함된다. 범죄의 직접 해결도 중요하지만 그 과정에서 경찰에 대한 믿음을 심어줌으로써 피해자가 안심하며 일상생활을 할 수 있도록 돕는 것이다. 그녀가 이사를 간 뒤 나는 이와 유사한 사건들을 일일이 살펴보고 피해 여성들을 직접 만나보았다. 그들의 이야기를 듣고 불안 정도에 따라 심리지원관을 연계해주었다. 필요한 곳에 CCTV를 설치하고, 방범 용품도 지원했다. 대부분의 피해 여성들은 범인 검거와 상관없이 지구대의 적극적인 순찰과 지원에 고마워했으며 조금은 안심하는 눈치였다. 그러나 내가 찾아갔을 땐 이미 많은 이들이 다른 곳으로 이사 가고 없었다. 몇몇 분에게 전화했더니 "그런 곳에서 도저히 살 수 없어 이사했다."는 말을 들었다.

오늘도 뉴스에서는 성추행에 시달리다 자살한 여성, 불법 성착취물로 피해를 입은 여성 그리고 헤어지자고 했다가 죽임을 당한 여성들의 이야기가 들린다. 여성은 두렵다. 이는 합리적인 두려움이다. 두려워야 더 조심하고 그래야 더 안전할 수 있기에 여성의 두려움은 사회가 만들어낸 약자의 본능적 방어기제다. 여성과 남성이 우리 사회에서 느끼는 두려움의 크기가 다르고 경험이 다름에도 그들을 동등하게 대하는 것은 실질적 평등이 아닐 것이다. 이러한 고민들이 '성 평등한 치안서비스란 무엇인가'에 대한 질문으로 이어져, 2021년에는 마음 맞는 동료들과 학술세미나를 개최하기도 했다. 세미나에서는 112에 신고된 사건들을 성인지적 관점에서 분석하여 성별에 따라 다른 신고양상을 보이고 있음을 확인했다. 또 성범죄의 특성을 가진 범죄들이 법체계상 성범죄로 분류되지 않음으로써 피해자 보호에 구멍이 생긴다는 것도 알 수 있었다. 아직 무엇이 정답인지는 알지 못한다. 그러나 현장에서 부딪치며 느낀 갈등과 혼란을 문제로 인식하고 그 답을 찾아가는 과정은 타인의 아픔에 공감하고 더 나은 삶으로의 희망을 추동하는 것이기에 그 자체로 소중하다.

지구대에서는 인간의 민낯 그대로의 모습을 많이 보게 된다. 두렵고 슬프고 잔인하고 분노하는 사람들 사이에서 경찰관은 이성의 끈을 부여잡은 채 이들을 진정시키고 사건을 해결해야 한다. 진행 중인 범죄를 진압하고 피해자를 구해내며 사건의 방향인 초동조치를 담당한다는 점에서 지구대는 어찌 보면 가장 중요한 경찰조직이다. 그러나 지구대 근무는 지뢰밭으로 통할 만큼 녹록하지 않다. 잘못 밟으면 터지고, 터지면 다 날아간다는 뜻이다. 주취자의 반말과 멱살잡이, 욕먹는 일쯤은 다반사이고, 근무 중에 다치는 일도 흔한 데다 피해자와 가해자 모두로부터 고소 고발, 인권위 제소, 각종 민원에 시달리는 곳이 바로 지구대이다. 현장에 출동하면 모여 있던 시민들이 경찰관 얼굴에 스마트폰을 들이대며 사진을 찍고, 유튜버들은 그 과정을 생중계한다. 인터넷에 경찰 사건이 올라올 때마다 혹시 우리 지구대 이야기는 아닐까 가슴이 철렁한다. '오늘도 무탈하게'를 바라는 것은 고사하고, 사건이 한 번에 하나씩만 터진다면 고맙겠다는 생각으로 버틸 뿐이다. 그야말로 온갖 사건 사고의 최전선에서 맨몸으로 칼바람을 막아내는 심정이다. 누가 지뢰를 밟아도 이상하지 않을 상황에서 이 모든 사건 사고의 일차 책임을 져야 하는 지휘관이라면 지구대를 피하고 싶은 마음은 인지상정이다.

그런데도 내가 지구대에서 총경 승진을 하고 싶었던 이유는 작은 선례를 만들고 싶어서였다. 승진이 안 된다고 생각하던 지구대에서 총경 승진자가 나온다면 지금껏 경찰청만 바라보던 승진 대상자들이 이제는 지구대에도 관심을 가지지 않을까. 그리고 유능하고 열정 있는 지휘관들이 지구대에 와서 정책부서와 교감하며 현장의 문제들을 하나씩 해결해 간다면, 현장은 지금보다 훨씬 덜 위험한 곳이 되지 않을까. 그래서 승진이 좀 늦어지더라도 새로운 길을 만들겠다는 오기로 지구대에서 버텼다.

이제 승진을 하여 더 이상 버틸 이유가 없지만, 나는 지금도 종종 지구대에 들러 현장 경찰관들의 이야기를 듣는다. 가장 밑바닥인 현장, 시민들과 가장 가까이 있었던 지구대에서의 경험이 앞으로의 내 경찰 생활을 단단하게 잡아줄 뿌리임을 알기 때문이다. 현장에 있고 싶어서 지원했고, 새로운 길을 만들어보고자 버텼으며, 이제는 나의 원천源泉이 된 지구대. 모든 문제와 그 문제의 해결은 현장에 있다는 의미에서 앞으로도 내가 있을 곳은 지구대이다. ◈

아이야, 경찰서에 온

사실조차 잊으렴

김영인 • 매일 아침 사건 기사를 꼼꼼히 챙겨 읽으며 연구한다. 기사에 딸린 댓글도, 비난도 피하지 않는다. 정당한 비판을 겸허하게 수용하여 보다 더 나은 경찰이 되고자 한다.

"경찰의 신변 보호를 받던 여성이 또 살해되었습니다."
정말 몇 번째인지 모르겠다. 두근거리는 마음으로 인터넷 뉴스를 클릭한다. 우리 관내 사건은 아니지만, 비슷한 업무를 해온 터라 관심을 가질 수밖에 없다. 최초 보도에서부터 며칠, 더러는 몇 주간 후속 보도까지 꼼꼼히 살핀다. 특히 피해자 신고 이후부터 시간대별, 일자별 경찰의 조치사항에 주목한다. 현장 조치, 경찰 수사, 피해자 보호 과정에서 어느 하나라도 경찰이 놓친 것은 없는지 살펴보는 일이 내 오래된 습관이다. 이유는 하나다. 과오를 답습하지 않기 위해서다.

경찰이 잘못하면 무고한 시민이 다치거나 자칫 목숨까지도 잃는다. 때로는 눈앞의 CCTV를 놓치기도 하고 구속영장이 발부되기 전 참극이 벌어지기도 한다. 최근에는 경찰이 제공한 스마트 워치로 피해자가 신고했으나 기계 오작동으로 경찰이 다른 곳으로 출동하는 바람에 골든타임을 놓친 사건도 있었다. 기사를 읽고 난 다음에는 댓글을 찬찬히 훑어본다. 왜 가해자를 체포하지 않고 내버려두었냐, 이런 경찰에 수사권을 줬다느니, 다시 수사권을 가져와야 한다는 댓글이 여지없이 주를 이룬다. 경찰을 향한 원색적인 비난도 있지만 피하지 않고 다 읽는다. 정당한 비판에 대해서는 겸허히 수용하고 반드시 제도개선으로 이어져야 한다고 생각하기 때문이다.

범죄 신고 후 보복 등이 우려되면 피해자의 신청을 받거나 경찰 직권으로 안전조치를 취한다. 최근 언론에 많이 보도된 스마트 워치 역시 대표적인 안전조치의 유형인데 그 외에도 시설 입소, 가해자 경고, 순찰, CCTV 설치 등 안전조치의 종류는 다양하다. 피해자는 112신고 후 가해자가 다시 찾아올까 봐 현관문 비밀번호를 바꾸고 같이 사는 가족과도 서로 문을 열어줄 때 암호를 정한다. 출근하려고 아파트 현관문을 나오면 가해자가 복도에서 숨어서 기다릴까 봐 매번 뛰어가서 엘리베이터를 탔다는 피해자를 보기도 했다. 더 심하면 정든 삶의 터전과 고향을 떠나 이사 가기도 하는데 정작 가해자는 (구속되는 경우가 아니라면) 경찰 조사를 받고 아무런 제약 없이 거리를 활보하고 다닌다.

그런데 아무리 피해자가 조심하고 주위를 살펴도 참극을 피하지 못하는 경우가 일어난다. 가해자는 피해자의 가족이었거나 연인 등 친밀한 관계였으므로 피해자의 집, 회사의 위치는 물론 출근을 몇 시에 하는지, 퇴근 후 어디로 가는지 등 평소 생활 동선을 하나하나 꿰뚫고 있기 때문이다. 가해자를 맞닥뜨려 112신고를 하고 경찰이 도착할 때까지 몸을 숨기거나 저항하는 것은 오롯이 피해자와 그 가족의 몫인 셈이다. 벌써 올해 들어 스마트 워치를 받은 여성이 3명이나 살해당했다. 이 중 2명은 갑작스러운 피의자의 공격으로 스마트 워치를 제대로 눌러보지도 못했으며, 그나마 한 명은 신고했으나 경찰이 도착하기 전에 목숨을 잃고 말았다. '한국 여성의 전화' 발표에 따르면 '2021년 친밀한 관계에 의해 살해되거나 죽을뻔한 여성이 최소 220명'에 달한다. 이는 평균적으로 1.4일에 한 명꼴인 셈이다.

"빨리 와주세요! 남편이 죽여버린다고 해요!"

가정폭력 신고가 들어온다. 신고가 접수되면 가장 가까운 순찰차가 출동하여 초동조치를 취한다. 제일 먼저 범죄행위를 제지하고 피해자를 분리시켜 진술을 청취한다. 상황에 따라 현행범 체포를 하기도 하며 범행에 사용된 흉기와 CCTV 등 관련 증거자료가 있으면 이를 확보하여 경찰서로 보낸다. 다음 날 경찰서에서는 관련 회의(전수 합심 회의)를 하는데 가정폭력 외에도 스토킹, 데이트 폭력, 그리고 아동학대, 노인학대 사건 모두가 그 대상이 된다. 사건이 거의 매일 발생하니 회의 역시 매일 열리는 셈인데 치안 수요가 많은 곳은 하루에 무려 20건 이상의 사건을 검토하기도 한다. 회의에서 먼저 담당자가 사건 개요와 신고 경위 등을 간단히 브리핑하면, 이전에 신고 이력이 있는지, 가해자에게 전과가 있는지, 피해자의 처벌 의사가 있는지, 가해자와의 분리가 필요한지, 분리가 필요하다면 분리장소는 시설로 할 것인지, 아니면 다른 장소가 가능한지, 접근금지를 신청할 것인지 등을 검토한다.

내가 경찰청에서 근무하다가 지방으로 옮겨 막 업무에 적응 무렵이었다. 아동보호전문기관으로부터 관리 중인 아동에게 학대가 의심된다는 신고가 들어왔다. 피해 아동은 초등학교도 들어가지 않은 어린아이였다. 신고와 함께 첨부된 사진을 보니 무표정한 아이의 얼굴과 등에 멍이 여러 개 있었다. 멍이 왜 생겼냐는 물음에 아이 엄마는 횡설수설하였다. 멍의 모양과 위치에 맞지 않는 진술이었다. 과거 신고 이력을 조회해보니 신고 의무자에 의한 신고가 있었다. (아동학대처벌법상 교사나 의사 등 아동 관련 시설에 종사하거나 직업 특성상 아동을 접하는 직군은 인지한 아동학대를 신고할 의무가 있다.) 아이가 CCTV 앞에서 맞았을 리 없고, 아이 진술이 사건의 중요한 증거인데 문제는 부모로부터 맞았다는 아이의 직접적인 피해 진술이 없다는 것이었다. 분명 2년 전에도 학대 의심 신고가 있었으나 아이도 부모한테 맞지 않았다 하고, 부모 역시 아동의 형이 때린 것이라고 하여 '증거 부족'으로 사건이 제대로 처리되지 못하였다.

관련 회의를 열었다. 이번에도 전과 동일했다. 아동은 형에게 맞았다고 말했다. 그러나 초등 저학년 남자아이가 때렸다고 하기엔 멍의 크기가 크고 여러 개였다. 답답했다. 심증은 있는데 물증은 없다는 게 이런 건가 싶었다. 그러다가 번뜩 아이디어가 생각났다. "형이 있다고 했죠?" 부모에 의해 가해자로 지목된 아이 형이 바로 사건의 유일한 증거(참고인)이다. 서둘러 형을 만나봐야 한다는 생각이 들었다.

"지금 아이 형이 다니는 학교에 협조 요청 넣고, 집으로 가기 전에 학교에서 만나보세요. 형 몸에도 멍이나 상처가 있는지 확인해보시고요. 만약 상처가 있다면 학교 측에 사실이 노출되지 않게 하세요. 자칫 부모에게 먼저 알려지면 안 됩니다."

그렇게 회의를 끝내고 얼마 뒤 책상 위에 놓인 내 핸드폰에서 진동이 반복적으로 울렸다. 형을 만나러 나간 직원이 찍어서 전송한 사진이었다. 사진 속 남아의 몸에는 동생보다 많은 멍 자국과 무언가 날카로운 도구로 맞은 듯한 매 자국이 선명했다. 형제 둘 다 부모로부터 학대를 받아온 것이다.

이후 조치는 긴밀하고도 신속하게 이루어졌다. 시청과 협조하여 당장 입소 가능한 아동보호시설을 알아보고, 두 아이를 데리고 병원 검진을 다녀왔다. 그 사이 날이 저물었다. 오늘 밤 당장 아이들을 가해자인 부모에게서 분리해야 했다. 그런데 예상치 못한 난관에 부딪혔다. 아이와 부모 모두 시설 입소를 거부하는 것이다. 학대 행위자인 부모의 동의는 즉각 분리의 요건이 아니니 중요치 않았으나, 그래도 보호자인 만큼 반 강제하다시피 해서 설득했다. 더 큰 문제는 아이였다. 때리는 부모도 아이에게는 세상의 전부였나 보다. 일곱 살 아이는 울음을 터뜨리며 엄마와 떨어지지 않으려 했다. '거기에 가면 더 이상 맞지 않는다', '엄마 아빠는 보고 싶으면 언제든 볼 수 있다', '형과 같이 지낼 수 있고 유치원도 계속 다닐 수 있다'고, 기나긴 설득 끝에 겨우 아이의 동의를 얻어 시설에 안전하게 입소시켰다. 그렇게 긴 하루가 끝났다.

며칠 뒤 조사를 위해 형제 중 형인 아동을 경찰서로 데려왔다. 처음 와보는 경찰서에 아이는 긴장한 듯 잔뜩 어깨가 움츠려 있었다. 음료와 과자를 주면서 마음을 풀어주려고 했다.

"게임 좋아해?"

"…네."

"오, 무슨 게임?"

게임이며 학교 이야기며 여러 질문을 하자 아이의 얼굴이 밝아졌다. 여느 또래처럼 재잘재잘 이야기하는 아이를 보며, 학대 피해 아동은 표정이 어두울 거라는 것도 나의 편견이었다는 생각이 들었다. 이윽고 슬그머니 몸에 난 상처와 멍 자국에 관해 물었다.

"그런데 몸에 멍 자국은 어떻게 생겼어? 말해줄 수 있니?"

그러자 재잘재잘 떠들던 아이가 갑자기 고개를 푹 숙이고 입을 꾹 다물었다. 그래도 진술을 확보해야 했다. 다독이면서 몇 마디 더 묻자 아이의 눈에 그렁그렁하던 눈물이 뺨을 타고 테이블에 뚝뚝 떨어졌다. 먹던 과자도 내려놓고 밀쳐버렸다.

"우리 밖에 나가서 바람 쐬고 올까?"

아이는 고개를 끄덕였다. 잠깐 밖으로 데리고 나가서 걸었다. 아무 말도 묻지 않았다. 기다려야겠구나 싶었다. 그러나 이후에도 끝끝내 아이는 입을 열지 않았다. 그만큼 아이 마음에 응어리가 단단하다는 것이겠지. 결국 아이의 진술은 듣지 못한 채, 아이 몸에 있는 멍과 상처를 증거를 토대로 조사를 마쳤다. 가해자 부모의 학대 혐의를 철저히 밝혀내지 못한 아쉬움이 큰 사건이었다.

최선을 다해 마무리 지은 사건도 아쉬움이 남는다. 하물며 오랜 시간의 조사와 회의 등 경찰력을 충분히 동원했음에도 여러 변수로 인하여 의도치 않은 결과가 일어나면, 무력감을 넘어 화가 나고 좌절감을 느끼기도 한다. 현실적인 한계와 그 변수를 최대한 줄이는 게 경찰의 일이기에 좌절감은 깊이 넣어두고 다시 힘을 낸다.

몇 개월 뒤 형제의 소식을 들었다. 시설에 들어가기 싫다고 울면서 떼를 써서 내내 마음이 쓰였는데, 잘 적응하고 있단다. 아이들 표정도 밝아졌고, 집에는 돌아가고 싶지 않다고 해서 시청에서 장기시설 입소를 추진한다고 했다. 아이가 안전한 곳에서 심리적으로 안정되어 가고 있으니 정말 다행이었다. 지금도 경찰서와 아동보호전문기관에서는 아이들이 있는 시설에 간식과 학용품을 사 들고 1년에 다만 몇 번이라도 정기적으로 찾아간다. 나는 오랫동안 형제를 기억할 테지만, 두 아이는 마음의 상처가 잘 아물기를 바란다. 그래서 어른이 되었을 때는 경찰서에 왔었다는 사실 자체를 잊을 만큼 건강하고 밝게 성장하기를 바랄 뿐이다. ◈

4장

마음이
뜨거워서
경찰이 된
여성들

맨날 시체 보고
피 보고 할 수 있겠어?

수사관 K • 동료에게서 순찰차 탑승을 거부당하던 신임 여경에서 베테랑을 꿈꾸며 마약반 형사가 되었다. 악인은 반드시 벌을 받는 공정한 사회를 꿈꾼다.

추운 겨울 당직 날이었다. 새벽 5시쯤 정적을 깨고 형사팀 전화벨이 울렸다. 겨울철 새벽에 울리는 전화벨 소리는 예감이 좋지 않다. "변사 사건, 출동 있다!" 역시 나의 촉은 틀리지 않았다. '변사 사건'의 대부분은 새벽 동트는 시간에 시신 발견 신고로 시작된다. 새벽 2시에 폭행 피의자를 조사하고 겨우 눈을 붙이자마자 변사 사건 출동이다. 천근만근 몸을 추슬러 현장에 나갈 준비를 한다.

'오늘은 어떤 사연일까.' 변사 사건 신고는 출동 때마다 늘 마음이 무겁다. 대략 사건 개요를 듣고 나서 현장으로 향했다. 아파트에서 추락 또는 투신한 사건이다. 아파트 엘리베이터 10층 버튼을 눌렀다. 현관으로 들어서자 거실 베란다 문이 열려 있고 커튼이 찬바람에 휘날리고 있었다. 베란다 밖으로 아래를 내려다보니 한 남자가 엎드려 있었다. 20대 청년이었다. 가족들의 울부짖음이 내 몸속으로 그대로 공명을 일으켰다. 먹먹했다.

황망한 슬픔에 빠진 유족에게 바로 사망 경위를 묻고, 답을 듣기란 쉽지 않다. 그러나 현장에서 1차적으로 타살 가능성 등 사건 경위를 파악해야만 한다. 현장 상황을 꼼꼼히 살피고 난 뒤 나는 가족들에게 고인의 병력이나 행적에 대해 물었다. 고인의 일기장이나 사적 기록물, 병원 기록 그리고 자살 시도 여부 등을 확인했다. 일단 타살 가능성은 없어 보였다. 1차 조사를 마치고 구체적 진술을 듣기 위해 유족들을 경찰서로 이동시켰다. 가족들의 울음은 좀체 줄지 않았다. 나는 여러 번 멈췄다, 기다리기를 반복하며 천천히 진술을 받았다.

스스로 죽음을 선택한 이들의 삶은 역설적이지만 그만큼 치열했다는 뜻이기도 하다. 그의 죽음에 대해 최선을 다해 규명하는 것이야말로 내가 고인을 애도하는 최선의 방식이다. 경찰의 업무가 고인의 생전 흔적을 추적하여 억울한 죽음이 없도록 하는 데 있는 만큼, 어떤 이들의 마지막 길에는 가족이 아닌 경찰이 동행한다고 생각하면 경찰의 업(業)에 대해 더욱 숙연해진다.

처음 형사과에 들어올 때 선배가 해준 말이 있다. "너 맨날 시체 보고 피 보고 할 수 있겠어?" 형사로서 업무를 만만하게 보지 말라는 충고였다. 참혹한 변사현장을 접하면서 감정이 동요될 때가 많지만, 이성적인 판단이 사건 해결과 고인과 유족에게 더 필요함을 매번 느낀다. 생활고에 못 이겨 고시원에서 고독사한 기초생활수급자, 지병을 비관하며 산에서 스스로 목숨을 끊은 어느 가장, 아파트 화재로 현관 앞에서 죽어간 모녀 등, 여러 변사 사건에 출동하여 담담하게 사건을 마무리하지만, 훗날 사건 현장을 우연히 지나칠 때면 그날의 감정이 떠오르는 건 어쩔 수 없다. 그때마다 내가 할 일은 억울한 죽음이 없도록 하는 데 있다고, 마음을 다잡는다.

형사팀에서 마약반으로 옮겼다. '다시는 여경을 받지 않겠다'는 말이 듣기 싫어 힘들어도 버티고 열심히 했는데, 형사로서의 근무 경력을 인정받은 듯하여 내심 다행이었다. 마약반 역시 수월치는 않았다. 마약반에서 여경은 주로 마약 거래자나 투약자로 위장 거래 의심을 줄일 수 있는 역할에 한정되어 있었지만, 나는 밤샘과 잠복근무를 마다하지 않았다.

마약 판매자 첩보를 입수하고 실시간 위치추적을 통해 24시간 대기 중인 사건이 있었다. 1주일 넘게 동선을 살피던 어느 날, 퇴근 시간인 저녁 8시 무렵부터 피의자 위치가 여러 장소로 바뀌면서 매번 같은 패턴으로 이동하는 것으로 파악되었다. 실시간으로 마약을 배달하는 것으로 추정되었다. 일단 무작정 동선을 따라

가면서 피의자를 쫓기로 했다. 밤 9시, 퇴근 시간이 지났지만 도로에는 여전히 차량으로 가득했다. 대로에서 피의자의 차 번호를 족집게처럼 찾아내기란 하늘에서 별 따기였다. 꼬리를 물고 이어지는 차들 사이로 대강의 차량 위치를 확인하며 움직였다. 용의 차량과 멀어졌다, 가까워졌다를 반복했다. 몇 달간 추적해온 일이었다. '이번엔 꼭 잡아야 한다!' 동료와 번갈아 운전한 지 5시간이 훨씬 넘어가고 있었다.

새벽 3시 무렵, 도로 위에 차들이 줄어들면서 피의자 차량번호가 확인되었다. 피의자 차량 또한 우리가 미행 중임을 눈치챘는지, 나들목에서 속도를 100km으로 올리고 일반도로로 나오자마자 50km로 갑자기 속도를 줄이는 방식으로 3번 반복하며 운전했다. 우리가 놓치지 않고 따라붙자 경찰임을 확실히 눈치챈 차량은 나들목을 빠져나가자마자 120km로 질주하면서 도주하기 시작했다. 나도 속도를 높였다. 그런데 하필 장시간 추적한 탓에 급유 신호가 깜박였다. 결국 피의자의 차량과 점점 사이가 벌어지고 말았다. 추적을 멈출 수밖에 없었다.

근무를 마치고 집으로 돌아와 시계를 보니 아침 6시였다. 마침 방에서 나오는 오빠와 마주쳤다. 오빠가 물었다.

"벌써 출근해?"

"아니, 지금 퇴근한 거야."

물먹은 솜처럼 몸이 무거웠다. 피의자를 놓쳤기 때문일까. 평소 밤 근무보다 더 힘든 듯했다.

그 일이 있고 내가 쫓던 마약 판매 피의자는 잠적해버렸다. 그러나 여기에서 실망할쏘냐. 우리 팀에는 여성 수사관이 한 명 더 있어 이번에는 다른 방법으로 마약사범들을 잡아들이기로 했다. 먼저 마약 거래 첩보를 제공한 사람으로부터 거래 장소, 시간을 확보한 뒤 내가 마약 투약자를 맡고 형사 둘은 차량에서 잠복, 형사 하나는 편의점 직원으로 위장하여 거래 현장을 검거하기로 작전을 짰다. 디데이D-day, 모든 상황이 예상대로 흐르고 이윽고 마약 판매자가 필로폰을 투약자로 위장한 나에게 건네는 순간 아르바이트생으로 위장하였던 팀원과 합을 맞춰 마약 사범을 수갑을 채웠다. 마치 한 편의 영화처럼 짜릿한 순간이었다.

형사과 근무를 시작하던 날에 한 선배가 "형사 업무가 영화처럼 멋지게 해결되는 건 아니다."라고 충고했다. 처음엔 그 말이 맞다고 생각했다. 그러나 시간이 흐를수록 경찰의 일은 영화처럼 멋있는 것이라는 생각이 든다. 누군가의 눈물을 닦아주고, 위험을 막아주고, 악인들이 벌 받도록 기회를 주는 엔딩이 있으니 말이다. ◈

나는 아프리카
유엔경찰이다

정수온 • 더 나은 세상을 위해 조금이라도 보탬이 되고 싶다. 집순이인 내향형과 낯선 곳에서 다양한 사람을 만나는 외향형, 둘 다인 듯하다는 40대 경찰.

커피를 마시려고 전기 주전자에 물을 올려 코드를 꽂는 순간, '아차!' 소리가 절로 나왔다. 한 번도 전기 없는 곳에서 살아본 적 없는 나는 비슷한 실수를 저지르곤 한다. 이곳 아프리카는 유엔 숙소와 큰 도시를 제외하고, 전기 공급이 제한적으로 이뤄지는 곳이 많다. 지방 출장 시엔 숙소의 전기 공급 시간부터 먼저 확인한다. 그 시간에 맞춰 물을 끓여 보관해 두어야만 커피나 차를 원하는 때 먹을 수 있기 때문이다.

나는 아프리카 남수단에 파견된 유엔경찰(UNPOL)이다. 유엔 평화유지 활동(UN PKO)이 주 임무이다. 한국에서 2001년 경위로 임용되어 경찰 생활을 시작한 지 20여 년이다. 내가 어떻게 아프리카에 오게 되었는지 지난 시간을 돌아보면 꿈만 같다. '아프리카에 꼭 한 번 가봐야지.' 뭐라고 콕 집어 말할 수는 없지만, 어릴 때부터 아프리카의 풍광과 문화에 대한 호기심이 늘 마음 한편에 있었던 듯하다. 기린과 코끼리가 거니는 드넓은 초원과 만년설이 쌓인 킬리만자로, 전통춤을 추는 원주민들…, 또 그곳에서 봉사하며 사랑을 실천한 슈바이처 박사와 이태석 신부에 대한 존경. 무엇보다 아프리카가 어떤 곳이기에 많은 사람들이 목숨을 희생하면서까지 구호 활동을 하고, 많은 국가와 기관의 노력에도 기아와 질병에서 벗어나지 못하는지 그 이유가 궁금했다.

2013년 경찰청에서 아프리카 라이베리아 평화유지 활동에 참여할 경찰을 모집한다는 공고가 떴다. 당시 나는 5년 차 경감으로, 초등 저학년 아이를 키우고 있었다. 그즈음 딸아이가 엄마는 일만 한다며 툴툴대던 때라 더 고민스러웠다. 하지만 이번에 놓치면 다시는 기회가 오지 않을 것 같았다. 든든한 응원군인 남편 덕에 지원을 했고, 그해 12월 인력 풀에 선발되었다.

하지만 실제 선발까지는 몇 개월이 더 걸렸다. 최종 파견자 3명을 뽑는 과정은 치열했다. 과연 나는 성별, 기혼, 육아, 능력 등 모든 벽을 뛰어넘을 수 있을지 자신이 없었다. 면접 당일, '아이 놔두고 혼자 파견 가는 게 괜찮겠냐'는 질문에 나는 당당하게 답하지 못했다. '자녀가 있는 남경들도 똑같은 질문을 받았을까?' 궁금했다. 여하튼 자신 없는 내 태도 때문에 탈락한 것이라 믿었다. 선발 과정을 겪으면서 나는 영어, 경찰관으로서의 경력과 전문성, PKO에 대한 지식 등 어느 것 하나 제대로 내세울 것이 없음을 실감했다. 다음 도전을 위해 더 노력해야지 하면서도, 이제 더는 아프리카를 꿈꾸지 못할지도 모른다 싶어 허탈하기도 했다.

2016년 초, 파견 2기 모집 공고가 났다. 몇 년 전이라면 이것저것 따질 겨를 없이 지원했을 테지만 새로운 보직을 막 받은 터라 지원 자체가 어려운 상황이었다. 기회가 와도 잡지 못하는구나 싶었다. 그런데 2016년 7월에 추가 공고가 떴다. 또다시 갈등, 마지막이라 생각하고 지원할 것인가, 아니면 나와는 인연이 없으니 이대로 접을 것인가. 경감 8년 차, 선발이 되어 아프리카에 가면 마흔인데…. 그때 나에게 결정적인 충고를 해준 동료가 있었다. 2013년 인력 풀 선발 당시 교육을 받으면서 알게 된 그는 이렇게 말했다.

"처음 우리가 꿈꾸었던 그때 그 마음은 어디로 갔어요? 도전의 기회가 이번이 정말 마지막일 수 있는데, 왜 망설여요."

이번에도 남편은 언젠가 한 번은 다녀와야 마음 정리가 될 것 같다며 동의해주었다. 그리고 몇 년 사이 엄마의 일을 이해하고 지지할 만큼 훌쩍 자란 딸아이가 남편보다 더 큰 응원을 해주었다. 지원 결과 합격이었다. 서류심사와 몇 번의 면접, 아프리카 라이베리아 현지 화상 인터뷰 등을 거쳐 최종 선발된 것이다. 그리고 드

디어 2017년 6월 나는 아프리카 라이베리아로 떠났다

오랫동안 기다리고 준비했지만 만만치 않았다. 아프리카, 아시아, 유럽, 남미 등 세계 각국에서 온 동료들의 영어는 무슨 말인지 도대체 알아들을 수가 없었다. 세상에 그렇게 많은 영어가 존재할 줄이야. 특히 라이베리아 경찰이 사용하는 영어는 아프리카 토속어인가 싶을 만큼 알아듣기 어려웠다. 한 번씩 지방에 다녀오면 전기, 수도, 화장실이 갖춰지지 않은 곳이 많았다. 포장되지 않은 도로가 대부분, 출장길에는 늘 크고 작은 사고가 있었다. 갑자기 고장 난 차 안에서 밤을 새우거나, 진흙탕에 빠진 차를 겨우 수습하여 끌고 오는 일이 일상이었다. 도로변에 휴게소는커녕 화장실도 없었다. 남경들은 차를 세우고 근처에서 해결했지만, 여경들은 으슥한 풀숲을 찾아야만 했다. 출장 떠나는 아침에는 물 한 모금 안 마시고 참아보려 했지만 도저히 그렇게 버틸 수는 없었다. 그렇게 차츰 나도 야생의 화장실에 적응해갔다.

운전도 고역이었다. 유엔 차량은 모두 수동이고 당연히 후방 카메라 같은 것은 상상도 못 했다. 노면 상태가 열악한 도로 위에 차, 오토바이, 사람이 마구 섞여 운전 시엔 신경을 곤두세워야 했다. 내 상상 속에 펼쳐진 한가한 아프리카 풍경은 진작에 지워졌다. 몇 달씩 비가 오는 우기에는 도로 곳곳에 물웅덩이가 고였다. 출퇴근길이나 현지 경찰서를 방문할 때마다 각국의 동료들을 태우고 온갖 차량으로 뒤엉킨 꽉 막힌 도로에서 나는 운전하랴, 제대

로 통하지 않은 영어로 대화하랴, 정신이 하나도 없었다. 급할 땐 한국말이 저절로 튀어나오곤 했다. 처음 몇 달은 내가 여기서 무엇을 하고 있는 깃인지, 점점 나 자신이 초라하게 느껴졌다.

언어 소통에 어려움을 느낀 나는 매사 적극적으로 나서지 못했다. 그나마 도움이 되는 일은 컴퓨터를 다루는 것이었다. 한국의 웬만한 직장인은 다룰 줄 아는 워드나 엑셀이 이곳에서는 실리콘 밸리급 능력이었다. 워드, 엑셀, 인터넷을 자유자재로 활용하는 나를 보고 동료들이 도움을 요청했고 점점 소문이 났다. 자료 정리, 예산 신청, 정산 등 컴퓨터 작업이 필요한 업무에 자주 투입되었다. 톡톡 손가락으로 자판을 치는 일명 독수리 타법인 동료들은 자판을 보지도 않고 타자를 치는 나의 모습에 매우 놀라워했다. 나는 동료들에게 컴퓨터를 가르쳐주었고, 동료들은 내가 의사소통이 필요할 때 적극적으로 나서주었다. 덕분에 나는 영어에 능숙해졌고 동료들의 컴퓨터 실력도 늘어갔다. 다양성을 존중하면서 우리는 서로 성장해 갔다.

여러 나라에서 파견된 경찰들과 함께 근무하다 보니 나라마다 다른 성향을 발견하게 되었다. 지시받은 일을 당연하게 해내는 여경이 있는 반면, 운전이나 화장실 운운하면서 '여자라서 그 일을 하기 어렵다'고 꺼리는 이들도 있었다. 이를 단순히 개인의 문제라고 보기에는 어려웠다. 그가 속한 사회와 문화적 환경이 다르기 때문이다. 유럽에서 온 여경들은 어릴 때부터 남녀가 동등한 교육을 받고, 스포츠 활동도 성별을 가리지 않는다. 당연히 업무 현장에서도 남자라서, 여자라서 다른 역할을 요구하거나 기대하지 않는다. 사회에서 성별에 따라 다른 것을 기대하지 않고, 다르게 대우하지 않기 때문에 개인도 이를 당연하게 받아들이는 것이다. 반면에 교육 수준이 낮은 나라에서는 가정과 학교에서 남녀가 다른 교육을 받는다. 사회에서의 남녀 역할도 나누어져 있다. 과거 우리나라도 크게 다르지 않았다. 내가 경찰을 처음 시작했던 2000년 초반에도 형사과나 파출소(지구대) 순찰팀에 여경은 거의 없었다.

얼마 전 한국에서 여경 채용과 관련한 논란이 일었다. 핵심은 경찰 체력측정에서 '여경은 왜 무릎을 꿇고 팔굽혀펴기를 하느냐'였다. 왜 남경과 똑같은 기준의 체력을 요구하지 않느냐는 것이다. 라이베리아에서 이 뉴스를 접한 나는 외국인 경찰 동료들에게 당신들의 나라는 어떠냐고 의견을 물었다. 대부분 비슷하게 답했다. 남녀가 특별히 다른 방법으로 체력측정을 하지 않지만, 남녀 간의 기준은 다르며 여경의 기준은 대부분 남경에 비해서 낮다. 즉 남녀가 동등한 교육을 받고 동등한 역할을 하지만, 동등한 신체적 능력을 요구하지 않는다는 것이다.

국제기구를 대표하는 유엔 역시 여경의 적극적 참여를 강조한다. 유엔 경찰의 보직 공고에는 여경의 참여를 권장한다는 문구가 반드시 들어간다. 이 문장이 여경에 대해 가산점을 준다는 의미는 아니지만, 여경의 참여를 독려하는 데 도움이 되기 때문이란다.

여경의 참여를 강조하는 이유가 있다. PKO활동 지역이 대부분 분쟁이나 내전을 겪었던 곳으로 아이와 여성 대상의 범죄가 많다. 여경은 이 분야에 경력이 많고, 피해자와의 라포 형성에 유리하다. 또 하나, 현지 경찰관과 현지 여성들에게 유엔 경찰의 활동이 롤모델이 되어 그들에게 동기부여가 되기를 바라는 측면도 크다. 실제 이곳에서 만나는 여자아이들은 유엔 여경들에게 더 많은 호감을 보이는데, 자신의 미래에 대해 열린 시각을 가지는 계기가 되는 것이다.

한국에서 나는 여경의 역할과 인식이 어떻게 변화되어가는지 눈으로 보고 몸으로 겪었다. 형사과에 여경이 배치되는 일이 극히 드물었던 초임 시절에는 여경 스스로 자신이 얼마나 형사로서의 역량을 갖추었는지, 얼마나 '남자 형사보다 더 형사 같은지'를 적극적으로 어필해야 했다. 하지만 지금은 거의 모든 부서에 자연스럽게 여경이 배치되어 있다. 순찰팀에서 순찰 요원으로 근무하는 여경은 더 이상 신기하고 놀랄 일이 아니다. 이런 변화된 사회 분위기 속에 자라는 아이들도 남녀를 구분 짓지 않고 한 사람의 역할을 배우게 되는 것이 아닐까.

2021년 11월 나는 아프리카 남수단으로 발령받았다. 그사이 많은 일이 있었다. 딸아이는 고등학생이 되었고, 나는 경정으로 승진했으며, 부족하지만 한국 경찰 파견단의 대표로 역할을 수행하고 있다. 남수단에서 처음 받은 보직은 순찰팀에서 교대 근무를 하면서 시내 순찰을 도는 일이었다. 여전히 수동차량 운전과 영어는 쉽지 않은 과제이지만 이제는 신호등 없는 교차로에 차량과 오토바이와 보행자가 뒤섞인 열악한 도로를 지나는 것도, 수동차량 운전도 겁나지 않는다. 누구의 도움 없이도 현지 경찰관, 주민들과 자유롭게 소통한다.

지금은 범죄 자문Crime Advisory팀 소속이다. 각 경찰서에서 발생하는 사건들을 모니터링하고 분석하는 일이 주 업무인데, 한국 경찰에서의 수사경력과 보고서 작성이 많은 도움이 되고 있다. 한국에서 나는 경찰관에게 가장 필요한 역량과 덕목이 무엇인지에 대한 고민이 많았다. 내가 일하는 곳이 대한민국이건 아프리카 남수단이건 장소와 상관없이, 나는 제복을 입고 시민들을 만나고 다른 경찰관들과 협력하면서 지낸다. 이곳에서도 물론 여경이라는 선입견이 있을 수 있지만, 그보다는 내가 가진 전문성이 팀에 어떤 기여를 할 수 있는지가 먼저 고려된다.

하나 당부하고 싶은 점은 처음 아프리카에 파견되었을 때보다 유엔 경찰의 분위기 또한 달라졌다는 것이다. 더 많은 수의 여경이 더 열심히 근무하고 있다. 일부 국가의 여경들이 '여자라서 그 일을 하기 어렵다'고 꺼리던, 나의 예전 경험은 도대체 언제 그런 일이 있었나 싶을 만큼 대부분 모든 업무에 적극적이다. 시간이 흘러 달라진 것인지도, 내 개인적인 경험이었을 뿐인지도 모르겠다. 그래서 나의 경험들이 일반화되어 받아들여질까 조심스럽다.

생활환경도 나라마다 지역마다 천차만별이어서 또 여기보다 어렵고 열악한 환경에서 일하는 분들에게 누가 되지 않을까 걱정스럽기도 하다. 다만 아프리카 혹은 더 험한 곳에서 일하는 것에 망설이는 여경들이 있다면 꼭 말해주고 싶다. 도전하라고! 그 이후 펼쳐지는 시간은 당연히 꿈에 그리는 생활은 아닐 테지만 그만한 가치와 보람은 충분하다고! ◆

권력,

제가 탐해도 되겠습니까?

주명희 • 추리소설을 좋아해서 경찰이 되었다. 경찰조직 내에서 차이와 평등의 딜레마를 늘 고민하며, 여경들이 똑같은 일을 하면서도 특별하게 취급받지 않는 조직을 꿈꾼다.

서울경찰청 피해자보호계장이 된 지 얼마 지나지 않은 2017년 봄 어느 날, 기자실을 담당하는 홍보계 직원과 평소 알고 지내던 신문기자 이렇게 셋이 점심을 먹는 자리였다. 청문감사관실의 막내 계장인 나의 다음 거취가 기자들 사이에서 관심 사안 중 하나라는 말을 들었다.

"오호~ 왜요? 나는 지금 피해자보호계 일 재미있게 하고 있는데….'

"청문감사관실에서 총경으로 승진하려면 결국 감찰계장으로 옮겨야 하는데, 여경이 과연 그 자리에 갈 수 있느냐, 이게 관심이라는 거죠. 감찰계장은 징계도 하고 피를 묻혀야 하는데 여경이 그 자리에 간 적이 없잖아요?"

그때였다. '두고 봐라. 내가 감찰계장 가고야 만다'라고 결심하게 된 순간이.

5년이 지난 올해 1월, 나는 총경으로 승진했다. 물론 감찰조사계장 업무를 마친 뒤였다. 인사차 나를 소개하는 자리에서 '감찰계장'을 했다고 하는데도, '아, 감사계장?'이라고 되묻는 이들이 가끔 있다. 내 발음이 좋지 않아서인지 내가 감찰계장을 했다는 걸 믿을 수 없어서인지는 잘 모르겠다. 여경에 대한 편견은 이렇듯 사소하지만 뿌리가 깊다.

감찰계는 비위행위(범죄나 규칙 위반 등)를 저지른 사람들을 조사하고 징계 여부를 결정하는 부서이니만큼, 힘센 부서라는 인식이 있다. 비유하자면 강력반 같은 곳이다. 그래서 민원사건을 담당하는 팀의 여경 한두 명을 제외하면 모두 남경들이다. 게다가 대부분 경찰관은 감찰을 싫어한다. '동료를 죽여 승진한다'며 대놓고 비난하는 이들도 있다. 감찰은 지휘관의 직속 참모 역할을 하는 데다가, 과거 지휘관의 뜻에 따라 과잉감찰, 표적 감찰하던 시절이 있어서인지 경찰 내에서 소외되는, 그러면서도 지휘부의 손발로 인식되는 부서이다. 미움받지만 무서워하는 부서, 권력의 측근 같은 느낌이랄까. 그런 부서에 굳이 가야겠다고 결심했던 건 '여자라서 안 돼'라는 말에 자동으로 발끈하는 내 마음속 스위치 탓이다.

2017년의 군은 결심 이후, '여경이 할 수 있겠어?'라는 편견을 극복하거나 '인정'받기 위해 내가 특별히 엄청나게 노력하고 특출한 능력을 발휘한 것은 없다. 주어진 일을 원칙대로 원만하게 해냈을 뿐이다. 그렇다고 마냥 맡은 일만 하고 있으면 '여자는 안 돼'라는 보이지 않는 손이 작용할 테니, 전략을 세울 필요는 있었다. 우선, 감찰계장으로 가기 위해 제일 먼저 극복해야 할 것은 감찰 내부의 평가였다. '감찰이 아무나 하는 건 줄 알아?' (흥, 내가 아무나인 줄 알아!)

사실 감찰은 경찰 내에서도 직무 특성상 매우 보수적이다. 말 그대로 '엄근진(엄격, 근엄, 진지)'한 조직이다. 자기주장이 너무 강하면 화합하지 못하고 내부갈등을 일으킨다는 소리를 듣고, 조금이라도 규범에 어긋나거나 옷이라도 화려하게 입고 다니면 사건 대상자들에게 '너나 잘하세요'라는 반발을 사게 된다. 그렇다고 매사 부드럽기만 하면, 직원들한테 휘둘린다거나 대상자들에게 만만하게 보인다거나 하는 평을 듣게 되니 이 또한 지양해야 한다. 실제로 남자 경찰관 중에서도 태도가 부적절하다며 배척되는 것을 눈앞에서 보기도 했다. "헛, 여경에게만 '안 돼'라는 딱지가 붙는 줄 알았는데, 여긴 실제로 남자들에게도 딱지가 붙는구나." 그 점에서 여경에게 희망적이라고 해야 할까?

한번은 동료 남성 계장들과 점심을 먹던 중 누군가에게서 "예쁘다고 말하는 게 왜 차별이야? 여자들은 참 유난해."라는 말이 나왔을 때였다. '제발 세상이 어찌 돌아가는지 공부 좀 하세요.' 이렇게 말하고픈 마음을 꾹 누르고 내가 말했다.

"하하, 계장님 따님을 생각해보세요, 여성을 동료로 인정하지 않고 외모 평가의 대상이 되는 건 좀 아니잖아요."

옆에서 다른 계장도 눈치를 줬다.

"아이고, 요즘은 여성에게 외모가 어떻다, 저떻다 하면 신고당합니다."

그래도 말을 꺼낸 계장은 꿋꿋했다.

"우리 주 계장이 신고할 사람은 아니잖아?"

"그런가요? 그렇다고 저를 너무 믿지 마세요. 하하~."

'그런 사람 맞는데, 이를 어쩌나.' 그렇게 나는 전략적 후퇴라고 스스로 변명하며 내내 속마음을 삼켜야만 했다. 나는 페미니스트이다. 또 새로운 길을 개척하려는 굳건한 의지를 가진 여경이다. 하지만 때로는 목표를 이루기 위해, 보수적인 조직의 보이지 않는 규범에 순응하며 남자들에게 '나는 당신들의 적이 아니야'를 증명해야 했다. 나중에 들은 말이지만, 내 나름의 이 전략은 실패였던 듯하다. 딴에는 나름 참았는데 나에게는 '할 말은 하는, 까칠한'이라는 수식어가 붙어있었으니까.

또 종종 "나는 꼭 감찰계장 가서 승진할 거야.", "나도 권력 한번 휘둘러보자. 권력의 측근?"이라며 반 농담조로 공공연히 욕심을 드러냈다. 기회가 주어졌을 때 나를 '후보'로도 고려하지 않는 불상사를 막기 위해서였다. 미리미리 존재감을 어필했다고나 할까. 20여 년 경찰 생활 끝에 터득한 교훈은 여경들은 어떻게 일해도 욕을 먹는다는 것, 또 하나 여성들이 권력을 탐하는 것은 미덕이 아니라고 여겨진다는 점이다. 특히 여경은 높은 계급으로 올라갈수록 부정적인 수식어가 따라붙는다. 치열하게 열정적으로 일해서 승진하면 '직원들을 달달 볶았다'라거나 '독하다', '이기적이다'라고 하고, 눈에 띄지 않는 성실함으로 승진하면 '한 일도 없는데 여경이라 특혜를 봤다'고 한다. 이러니저러니 욕을 먹을 테니 나는 갈 데까지 가보자 싶었다.

물론 나의 '권력에의 의지'를 드러내는 데는 불편한 마음도 없지 않았다. 경상도 가부장적 집안에서 4대째 장손인 오빠를 둔 딸로 자란 나에게도 가부장적 규범이 내재되어 있다. 딸은 욕심내면 안 되고, 오빠에게 밥을 차려줘야 하고, 심지어 오빠보다 성적이 좋으면 오빠 기죽인다는 말을 듣고 자랐다. 그 속에서 어떤 욕심을 드러내는 일은 익숙지 않았던 것이다. '나는 권력의 화신이야'라는 진담을 농담처럼 말하는 나를 사람들은 어떻게 봤을지 모르겠다. 한편으로 그 말을 하면서 약간의 해방감, 착한 여자여야 한다는 자기 검열을 깨부수는 듯한 자유를 느꼈던 것도 사실이다.

그렇게 조직에 순응하는 전형적인 여성의 모습으로, 혹은 권력을 탐하는 전형적이지 않은 여성의 모습으로 일한 지 3년 반이 지나고, 드디어 감찰계장으로 발령을 받게 되었다. 기자들 반응이 내심 궁금해 홍보계 직원에게 슬쩍 물었다.

"내가 감찰계장 가는 거 기자들이 뭐라고 평가해?"

"그게 뭐? 아무 말 안 하던데. 물어봐 줘?"

"어? 아니야."

여경들의 성취는 대체로 이런 모습이다. 단단했던 유리벽이 깨지고 나면 애초 그 자리에 유리가 없었던 것처럼 여겨지는 것이다. 서울경찰청 '최초의 여성' 감찰조사계장! 여경에 대한 편견을 깨는 중요한 타이틀이라고 생각했는데, 막상 그 자리에 오르고 보니 당연하게도 '그게 뭐?'인 일이 되어있었다. 비장했던 나의 2017년의 결심은 무엇이었나? 새로운 분야를 개척할 때 무수한 외적 편견과 '내가 과연 할 수 있을까?'라는 자기 검열의 장벽을 넘어서 한 계단 오르고 보면 사실 별것도 아니다.

이왕 권력 욕구를 드러냈으니 감찰계장으로서 내가 가진 힘을 이용해야겠다고 결심했다. 제일 먼저 각 팀마다 여경을 한 명씩 배치하도록 팀을 개편했다. 감찰계 직원들의 불만이 느껴졌지만 강행했다. 주먹구구식 개편이 아니었다. 나의 경험상, 성희롱 사건뿐만 아니라 갑질 등 여러 사건 사고를 처리하면서 여경들이 가진 네트워크와 수평적 감수성이 큰 도움이 되는 경우가 많았다. 그렇게 한번 자리가 잡히자 내가 감찰계를 떠난 후에도 여경들은 그 자리를 지키며 활약하고 있다. 다행이었다. 편견이란 이렇듯 한 번

깨지고 나면 자연스러운 일이 되어버린다. 다양성 있는 조직은 유연한 분위기 속에서 의사결정과정이 풍부해지고, 그래서 더 좋은 성과를 만들어낸다. 나는 내가 가진 작은 힘을 이용하여 보수적이고 위계질서를 중시하는 감찰의 분위기를 조금은 바꾸고 싶었다.

또 하나 내 힘을 이용한 것은 조직 내 성희롱 문제를 엄격하게 대한 것이다. 20년 차 경찰관인 나도 '까칠한 사람으로 보이기 싫어서' 또는 '주변 사람들과 잘 어울린다는 평가'를 얻기 위해 불편한 말들을 적당히 참아내고, 적당히 돌려 말해야 했다. 하물며 신임 경찰관들이 자기들의 부당한 대우를 감찰에 신고하기까지 얼마나 많은 고민을 해왔을지 이해할 수 있었다. 성희롱 피해자들은 같이 웃고 떠들다가 갑자기 신고하는 것이 아니다. 참기도 하고, 돌려 말하기도 하고, 적응하려 애쓰기도 하다가, 한계에 다다라서 신고하는 것이다. 다행히 최근에는 조직 차원에서 성희롱 사건은 아주 엄격하게 절차대로 진행하도록 제도화되어 있다. 내가 특별히 더 노력할 필요는 없었다. 단지 내 위치가 피해자들에게는 조금 더 안심되고 위로가 되는 듯했다. 감사하다는 편지도 종종 받았다. '내 지위만으로도 도움이 되다니, 권력이 좋구나!'

'아무나 못 한다'는 감찰이지만 나도 그럭저럭 잘 해낸 덕분에 승진할 수 있었다. 감찰직에 오래 계셨던 분들에게 나는 예외적인 존재라, 그분들이 내 능력을 어떻게 평가했는지 알기는 어렵다. 나는 감찰이 외부에서의 평가와는 다르게 건강하고, 꼭 필요하고,

일 잘하는, 괜찮은 부서임을 인정한다. 경찰 내에서도 감찰은 특히나 '윗분들'의 지시 명령에 반발하지 않고 묵묵히 일하는 상명하복이 철저한 부서이다. 페미니스트 여경을 '계장님'으로 '모시면서'도 감찰계 동료 직원들은 한 번도 내 의견을 무시하거나, 나를 여성으로 대하지 않았다. 오히려 철저하게 내 말을 '지시'로 여기고 최대한 '수행'했다. 감찰의 이러한 문화가 여경에게 진입장벽이 되기도 하지만 오히려 일하기 수월하게 만들어준 것으로 생각한다. 힘없는 신임 여경이 부서에서 배척받으며 인정받기 위해 애쓰는 것과는 또 다른 경험이다. 인정받기 위해 노력해야 하는 건 약자이기 때문이다. 나는 힘 있는 감찰계장이니까.

그렇게 길었던 '권력을 탐하던 시간'과 짧았던 '권력 행사의 시간' 끝에 승진하고, 감찰계를 떠났다. 승진 발표 후 홍보계에 근무하다 함께 승진한 동료에게 물었다.

"기자들이 나 총경 승진한 거 뭐라고 안 해?"

"야, 누가 너한테 관심 있냐?"

2017년 기자들의 관심에서 시작된, '나의 권력 추구의 여정'은 아무도 관심 두지 않는 이슈로 다소 허무하게 끝이 났다. '최초'이던 여성 감찰계장이 더 이상 특별하지 않은 존재가 된 것, 나는 그 허무함에 의미를 부여하고 싶다. 온갖 어려움을 딛고 열심히 노력해서 편견을 극복한 성공 스토리가 아니라, 여경이기 때문에 어떤 부서에 가는 것만으로 특별하게 취급받거나, 여경이라서 뭔가를 특별히 잘한 이야기가 아니라, 그저 주변의 모든 경찰관들과 똑같은 별다를 것 없는 경찰관의 이야기이다.

또 하나, 여성의 권력 추구와 권력 행사가 조직 내에서 자연스럽게, 누구나 원한다면 할 수 있는 일로 받아들여지기를 바란다. 항상 옳은 일을 하거나, 항상 모범적일 필요도 없다. 원하는 바를 이루기 위해서는 전략적 선택을 하고, 적당히 타협도 하고, 때로는 욕을 먹기도 한다. 그런 과정이 그런 권력 욕구가 여성이기 때문에 특별히 더 비난받지 않았으면 좋겠다. 이미 모든 남자들이 하고 있기에.

모든 여성 경찰관들이, 편견을 맞닥뜨리지 않고 수용되고, 조직문화에 적당히 순응하고 한편으로 바꾸어내면서, 똑같은 일을 하면서도 특별하게 취급받지 않는, 그런 분위기에서 일할 수 있기를 희망한다. ◈

작은 힘으로
큰 힘을 제압하라

민새롬 • 차이는 인정하지만, 그 차이에 머무르지 않기 위해
직접 몸으로 부딪쳐가며 고민하고 행동하는 경찰관.

중학생 때부터 경찰을 꿈꾸며 합기도 도장을 다니기 시작한 나는
꾸준히 유도, 태권도, 특공무술 등 다양한 무술을 연마했다. 지금
은 도합 15단의 유단자이지만, 여성으로서 체력적 한계는 분명히
있다고 생각한다. 합기도장에서 또래 남자 중학생과 겨뤘는데, 남
학생은 여유 있게 나를 제압했다. 매번 겨루기를 할 때마다 그 친
구를 이길 수 없어서 어찌나 자존심이 상하던지, 오기를 가지고 더
열심히 운동해왔던 것 같다. 고등학교, 대학교를 졸업하고 경찰이
된 지금까지 나의 운동사는 체력을 기르는 것뿐만 아니라 여성으

로서 체력적 약점을 극복하는 과정이었다.

여성은 신체구조, 근력, 체력 면에서 남성과 차이가 있다. 캘리포니아 루터란 대학 연구에 따르면, 여성의 상체 힘은 남성의 55 퍼센트 수준이며 여성의 저항이 불가능하다는 결과가 나왔다. 동급의 남녀를 비교하면, 성인 남성과 12세 어린아이 정도의 차이라는 것이다. 여성 경찰에 대한 가장 흔한 편견이 바로 이 '체력'에서 비롯된다. 위기 상황에서 남자보다 몸집이 작고 힘이 약한 여성 경찰이 잘 대처할 수 있느냐는 것이다. 그러나 나의 현장 경험에 비추어서도, 체포술 교육을 하며 내린 결론은 경찰이 현장 업무를 하는 데 체력이 문제가 아니라는 점이다. 위험한 피의자와 맞닥뜨린 상황에서 중요한 것은 경찰의 덩치와 힘이 절대적이지 않기 때문이다.

주짓수 대회에 출전했을 때 일이다. 당시 체중을 5kg 줄여 체급을 낮춰서 출전했기에 나와 겨루게 된 선수는 나보다 체격이 작았다. 경기가 시작되어 상대의 도복 깃을 잡는 순간에도 단번에 나보다 힘이 약하다는 느낌이 왔다. 이 정도면 충분히 해볼 만하다 싶었다. 기선을 잡아 몰아붙여 점수를 먼저 따냈다. 그렇게 나에게 유리한 분위기로 흐르던 중 상대 선수가 보기 좋게 기술을 걸었고, 목 부위의 경동맥이 압박되며 탭을 치게 되면서 한순간에 서브미션(상대방의 관절을 꺾거나 동맥을 압박해서 기절 또는 항복의 의미인 탭 아웃Tap Out을 받아내는 기술) 패를 당하고 말았다. 나보다 체격도 작고 힘이 약한 선수가 오로지 기술로 나를 이긴 것이다. 이것이 바로 잘 훈련된 기술의 힘이다.

경찰 무술교육의 핵심은 바로 이 기술의 힘을 터득하는 과정이다. 대표적인 훈련이 바로 '체포술'이다. 체포술은 특정한 무술이 아니다. 합기도, 유도, 주짓수 등의 여러 무술에서 제압과 체포 시에 필요한 중요한 요소들을 뽑아 최적의 기술로 만든 것이다. 더 나아가 체포술은 피의자를 제압할 때뿐만 아니라 주취자를 부축해야 할 때도, 갑작스러운 공격에 방어할 때도, 사람을 구해야 할 때 최소한의 힘으로 최대한의 신체 능력을 사용할 수 있도록 하는 기술이다. 실제 현장에서 쓰이는 체포술은 매우 단순하고 간결하다. 영화에서 보듯 범인과 경찰이 서로 주고받는 격렬한 몸싸움은 현장에서 흔하게 일어나지 않는다. 그 전에 제압할 수 있기 때문이다.

범죄자는 경찰이 싸워서 이겨야 하는 대상이 아니라, 결국에는 경찰이 지켜야 하는 대상이기도 하다. 범죄자를 제압하는 데 중요한 것은 체력과 힘보다 순간적으로 대처하고 구속하는 이른바 '체포술'을 얼마나 잘 활용하느냐에 달렸다. 이를 위해 '준비, 판단, 행동'이 빠르게 이뤄져야 한다. 갑작스럽게 예기치 못한 상황은 준비되지 않았을 때 닥친다. 경찰은 평상시 현장에 투입될 때 2인 1조로, 현장 상황에 따라 무기와 장구를 소지하며 준비한다. 그러나 순간적으로 위험 상황이 발생하여 동료 경찰이 나를 도울 수 없고, 무기와 장구도 쓸 수 없는 돌발적인 상황이 발생한다면 어떻게 할 것인가. 너무 당황해서 아무것도 할 수 없거나, 뭔가를 하거나 둘 중 하나이다. 경찰관이 그 상황에서 느끼는 심리적인 압박과 두려움이 더 크다면 아무것도 하지 못한 채 점점 악화되고 있는 상황을 마주하게 될 것이다. 그래서 어떻게든 대처해야 한다.

체포술의 핵심은 '몸이 기억하는 움직임'을 익히는 데 있다. 현장은 항상 변수가 있고, 다른 체격의 사람, 다양한 공격 형태, 다양한 상황들이 있다. 무도와 체포술을 연습했던 상황과 똑같은 경우는 거의 없다. 훈련의 효과는 어떤 상황을 기다리는 것이 아니라 상대의 움직임을 유도하여 훈련받은 상황을 만들거나 훈련받은 기술을 적용하고 응용했을 때 진가를 발휘할 수 있다. 물론 예전에는 무술이나 체포술을 하지 않아도 경찰이 현장 업무를 하는 데 크게 지장이 없었고, 어떻게든 대응해왔다. 다만, 그에 녹아 있는 힘의 원리나 신체구조에 대한 이해가 있다면 조금 더 쉽고 안전하게, 조금 더 확실하게 대응할 수 있다는 데 교육의 목적이 있다.

대응을 위한 첫 번째 요소는 평소 최악의 상황을 미리 대비하는 것이다. 이는 갑작스러운 위험 상황에 덮쳐오는 심리적 압박과 두려움을 예방하기 위해서이다. 그래서 훈련 시에는 맨몸으로 치고 들어오는 공격뿐 아니라 칼을 비롯한 여타 무기, 장애물 등 위급 상황을 다양하게 시뮬레이션하며 어떻게 대처할지 훈련한다. 이러한 간접 경험이 쌓이면, 실제 상황에서 신체 반응을 활성화해 자동적으로 대처할 수 있게 되는 것이다. 내 경험상, 돌발적으로 위급 상황에 처한 순간 머릿속에 즉각적으로 떠오르는 방법을 빠르게 행동으로 옮겼을 때 가장 효과적이었다. 머뭇거리면 그 방법을 쓸 기회를 놓치게 되고, 그 사이 상대의 공격이 들어오기 때문이다.

기회란 시간적, 공간적 그리고 상대의 움직임 속에 있는 '약한' 시기를 포착하는 것이다. 상대가 시선이나 몸을 잠깐 돌리는 사이가 좋은 타이밍이라 할 수 있다. 또 상대방의 정면에서 맞대응하기보다는 시선과 움직임이 제한적인 측면이나 후면이 훨씬 유리한 위치가 될 수 있다. 지형지물을 이용하는 것도 좋은 방법이다. 제압과정에서 벽면으로 밀어붙이거나 좁은 공간으로 밀치기, 화단이나 가구 등 주변 장애물 쪽으로 밀어 넘어뜨리면 상대가 쉽게, 안전하게 넘어지게 된다.

둘째, 신체의 구조와 힘의 원리를 이해한다. 인간의 해부학적 신체구조는 뼈와 근육으로 이루어져 있고 움직일 수 있는 범위가 있다. 그 가동 범위를 넘어서면 늘어나고, 찢어지고, 꺾이고, 부러지며 엄청난 고통을 발생시킨다. 팔꿈치와 무릎은 180도 이상 꺾이지 않고, 목은 뒤로 돌아가지 않는다. 주먹 쥔 손은 손가락을 하나라도 젖히면 통증이 발생하여 나머지 손가락이 자동으로 펴진다. 목, 손, 팔, 다리, 무릎 등 이러한 관절의 구조를 이해하고 적절히 활용하면 피의자를 움직일 수 없게 만들 수 있다.

셋째, 상대방의 힘을 이용한다. 줄다리기는 양쪽에서 줄을 서로 당겨 힘센 쪽이 이기는 경기이다. 피의자를 제압할 때, 보통은 힘을 이용한다. 줄을 서로 팽팽히 당기는 형태이다. 그런데 상대가 나보다 덩치가 크고 힘도 세다면 어떻게 할 것인가. 힘으로만 제압하려면 당하고 만다. 줄다리기에서 팽팽한 줄을 어느 한쪽에서 놓아버리면 상대는 중심을 잃고 쓰러진다. 즉 상대방의 힘을 역이용하는 것이다. 상대가 당기고 있다면 밀어주고, 밀고 있다면 당기면 된다. 이런 힘의 방향을 잘 이용하면 상대를 어렵지 않게 제압할 수 있다.

넷째, 밀착한다. 밀착은 상대와 나의 공간을 없애는 것이다. 공간이 많을수록 팔과 다리를 휘두르기 쉬워지면서 공격 범위가 넓어지고, 공간을 없앨수록 상대의 움직임을 통제하게 되면서 공격도 제한할 수 있게 된다. 상대를 항거불능 상태로 만들어 수갑을 채우기 위해서는 결국 가까이 다가가야 한다. 이때 '밀착'은 경찰관의 안전을 위해서도 매우 중요하다. 밀착은 쉽게 말해서 몸무게로 누르거나 압박하는 것이다. 밀착한 상태라면 상대방이 휘두르는 주먹을 맞는다고 해도 충격이 크지 않다. 상대의 목이나 어깨를 끌어안고 있다 가정해보자. 그 상태에서 날아오는 주먹은 강도가 세지 않다. 상대와 가까이할수록 오히려 안전할 수 있다. 또 밀착한 그 잠깐의 찰나가 전환의 기회가 되기도 한다. 밀착한 상태로 상대의 움직임이 잠시 멈춘 순간 다음 행동을 생각하거나, 동료 경찰이 도와줄 수 있는 시간적 여유가 생긴다.

모든 경찰관이 체포술을 익힌다. 졸업 후 바로 최일선 현장에 투입될 교육생에게는 특히 더 중요한 교육이다. 나는 중앙경찰학교에서 체포술 교육을 담당하면서 남녀 교육생 구분 없이 같은 강도로 훈련을 해왔다. 그러나 작은 체격을 크게 만들 수 없으며, 약한 체력을 단시간에 끌어올리기는 힘들다. 그렇게 구분 없이 훈련하는 것은 앞서 언급했던 것처럼 몸이 기억하는 움직임을 만들어내기 위해서다. 상대적으로 체격과 체력이 약한 여경들의 교육은 힘의 원리와 효율을 강조하면서 조금 더 기술적이고, 더 체력적인 부분에 집중한다. 가장 먼저 여경 스스로 자신의 신체, 체력 조건에 대해 인정하는 것이 중요하다. 그리고 그 조건에서 할 수 있는 여러 선택지를 익히게 한다.

얼마 전 교육을 마치고 현장으로 돌아간 후배 여경이 현장에서 찍은 바디캠 영상 하나를 보내주었다. 영상은 순찰차에 타지 않으려고 버티는 피의자를 후배 여경의 기지로 제압하는 장면이 담겨 있었다. 피의자는 몸집이 크고 거칠게 저항했다. 피의자가 순찰차 뒷좌석에 엉덩이를 걸친 채 버티고 그 앞을 경찰이 빠져나가지 못하도록 가로막고 있는 상황에서 후배 여경이 재빠르게 차 반대쪽 문을 열고 피의자의 허리띠와 어깨 깃을 안쪽으로 잡아당겨 안전하게 순찰차에 태웠다.

체포술 시간에 배운 기술 중의 하나였다. 이 방법을 사용하면 피의자를 순찰차 한쪽에서 힘으로 밀어 넣을 때보다 훨씬 쉽고 안전하게 차에 태울 수 있다. 영상 속 후배 여경은 배운 기술을 현장에서 잘 적용하고 있었다. 훌륭한 대응이었다. 수업에 적극적으로 참여한 교육생 중 한 명으로 기억하고 있기도 했다. 교육을 받는 것도 중요하지만, 자신의 노력과 의지가 있었기에 적절하게 행동할 수 있었으리라.

이렇게 후배들이 한 명의 경찰관으로 든든하게 자리를 잡아가는 것을 보면, 교육의 중요성과 선배 경찰관으로서 더 많은 이들에게 좋은 영향을 미칠 수 있도록 해야겠다는 책임감과 무게가 느껴진다. 그 마음이 모든 경찰의 마음이지 않을까. 한 사람의 경찰로서 나는 그 마음을 늘 지키고 싶다. ◆

꿀벌의 실종과
여경

우아진 • 20대 경찰관. 가장 폭력적인 현장에서도 가장 아름다운 것을 지키는 우아함을 위하여.

'꿀벌이 사라지고 있다!'

얼마 전 한꺼번에 갑자기 사라진 꿀벌의 이야기를 다룬 방송 프로그램을 보았다. 유력한 원인은 드론으로 살포한 농약이었다. '네오니코티노이드'라는 살충제 성분이 꿀벌의 방향 감각과 비행 능력을 떨어뜨려 제집으로 돌아가지 못하도록 한 것이다. 꿀벌 사회를 유지하는 데 가장 중요한 역할을 하는 일벌의 실종은 곧 종족의 멸종을 의미한다. 방송에서는 '꿀벌의 실종'을 '변화의 시그널'로 받아들여, 환경 정책과 인식에 시급한 전환이 필요함을 강조했다.

한 인터넷 커뮤니티에서 여성 경찰관을 '꿀벌'에 비유하는 글을 읽었다. '꿀 빠는 사람', 자기 편한 일만 골라서 한다는 부정적 의미의 표현이다. 여경은 일 안 하는 존재로, 남경은 죽도록 일하는 존재로 편을 가르는 시대착오적 인식이 아직도 여전하구나 싶었다. 경찰 내부에서는 어떤가. 많이 개선되고 있다고는 하지만, 여경은 야간근무와 근무 시간이 불규칙한 부서에 배치되기를 꺼리고, 출퇴근이 일정한 내근직과 대민업무가 적은 부서의 자리만 차지하려 한다는 편견이 남아있다.

성별을 막론하고 한때 경찰을 꿈꾸었거나 현직에 있는 경찰에게 물어보면, '경찰'을 단순한 직업이나 보편적인 공무원으로 생각하고 선택한 사람은 없다. 여느 직업과는 다른 특별한 무게감과 책임감이 뒤따르기 때문이다. '경찰'은 범죄 현장의 최전선에서 발생하는 위험과 사고, 어려움을 감수하겠다는 사명감 없이는 선택이 쉽지 않은 직업이다. 게다가 여경은 채용 비율이 낮아 경쟁이 치열하고, 체력시험과 끊임없는 체력단련을 받아야 한다. '편하게 일하고 연금이나 받자', 이런 생각이었다면 애초 다른 직업을 선택했을 것이다.

많은 여경들이 드라마 〈시그널〉의 강력반 형사 김혜수, 〈라이브〉의 지구대 경찰 정유미처럼 몸을 사리지 않고 현장에서 활약하는 모습을 꿈꾸며 경찰 세계에 들어온다. 그러나 입직과 함께 현실의 벽에 부딪힌다. 남성 중심의 환경과 분위기가 오랫동안 공고히 다져온 상황에서 여성 경찰은 환영받지 못하는 존재임을 알게 된다. 강력반 형사직에서 여성 경찰은 자연스럽게 배제된다. 수시로 느끼는 여성 경찰관에 대한 고정관념은 생각보다 강력하다.

나 또한 여경이라는 이유로, 지구대에서 현장 출동 배제를 겪었다. 같은 조의 동료는 나와 함께 순찰차를 타는 것이 부담스럽다며 대놓고 말했다. 팀원들 야식과 이런저런 자잘한 일을 도맡아 하는 나에게 "살림 솜씨가 많이 늘었냐?", "이제 결혼해도 되겠다."라는 말을 해댔다. 팀을 위한 작은 봉사로 기꺼이 맡은 일인데, 동료들은 여자가 당연히 해야 할 일이라고 생각하는 듯했다. 더한 일도 있었다. "여기 지구대를 떠나면 너는 절대 다시 현장으로 나오지 않을 거다.", "결혼하고 아이 낳고 나면 끝이니 지금 즐겨라."라는 말들…. 여경은 대충 간만 보며 일하다가 결혼하고 육아하면서 편한 보직을 찾아 옮긴다고 생각하는 것이다. 이런 말을 들을 때마다 정말이지 자괴감이 들고 힘이 쑥 빠졌다.

어쩌면 이러한 고정관념들이 꿀벌의 귀소 본능을 방해하는 '네오니코티노이드' 성분과 비슷한 것일지도 모른다. '내가 본 여경들은 이렇더라~'라고 이야기를 늘어놓는 사람들과 어떤 이유에서건 여경은 현장에 있어서는 안 된다고 생각하는 사람들, 그런 편견과 선입견 속에 여경들은 자신감을 잃고 꺾인다. 실제로 일부 여경들은 현장을 떠나 돌아오지 않는다. 자신과는 맞지 않아서, 더 나은 업무를 위해, 혹은 임신과 육아로 인해 자리 보존을 할 수가 없어서 등의 이유를 대며. 여경들이 현장에서 일하고 싶은 꿈과 의지를 '집'이라고 한다면, 그 집을 굳건히 지키며 출퇴근하는 여경은 얼마나 될까.

물론 내 곁에는 사명감으로 주어진 일에 진심을 다하는 여성 경찰관들이 아주 많다. 일주일에 두세 번의 야간근무를 끄떡없이 해내고, 육아휴직 후 자진해서 순찰팀으로 배치받은 선배도 있다. 밀려드는 사건에도 힘든 내색 없이 척척 처리하는 형사 당직 선배, 격변하는 수사 여건에 흔들리지 않고 5년째 자리를 지키고 있는 수사과 선배, 수당이 없어도 초과근무를 하는 서무 동기 등. 모두가 꿀벌처럼 자신들의 꿈을 열심히 만들어가고 있다.

고정관념은 암묵적이고 강력하다. 남경과 여경 구분하지 않고, 모든 경찰이 스스로의 고정관념을 깨려고 할 때 '변화의 시그널'은 비로소 나타나는 것이 아닐는지. 신체적 차이와 물리적인 힘, 공감 능력을 뛰어넘는 경찰관만의 역할과 사명감이 있다. 이 본질적인 사명감을 잃지 않고, 부단히 경찰로서의 능력을 단련하는 데 남녀 경찰이 힘을 모은다면 더 강력한 경찰이 탄생하지 않을까. 조직 안에 여경을 주홍글씨로 낙인찍어 목소리를 내지 못하게 하는 것, 일부의 문제를 전체로 확대하여 배제하고 차별하는 것은 조직과 국민의 안전에 어떤 도움도 되지 않는다.

현장은 변화무쌍하고 다면적이어서, 경찰 개인의 물리적 힘으로만 지배되지 않는다. 기본적인 무기와 장비에 대한 교육이 체계적으로 이루어져 적절하게 다룰 수 있다는 자신감, 어떤 상황이든 경찰이 해결할 수 있다는 믿음이 부여된 공권력, 사람의 심리를 파악하고 시배할 수 있다는 확신들이 적당히 균형을 이룰 때 현장에서 일어나는 수많은 비극을 막을 수 있다.

현장이 힘들고 괴로워서, 어려워서 떠날 수 있다. 이는 성별과는 아무런 연관이 없다. 현장은 경찰의 기본적이고 필수 업무이며, 여성 경찰이 현장에 근무하는 일도 지극히 당연하다. 여경 남경 할 것 없이 현장을 떠났다가 다시 복귀하는 일도 자연스러운 일이다. 이는 전적으로 개인의 문제도, 조직의 문제도 아니다. 현장을 대하는 경찰관 개인의 마음가짐을 비롯하여 그 마음가짐을 뒷받침해주는 조직적인 지원도 반드시 필요하다.

여성 경찰이 현장 근무를 꺼리지 않고, 현장에서 일하는 여성 경찰이 당연하게 보이는 사회적 분위기가 형성되는 데는 시간이 조금 더 필요해 보인다. 우리 사회에 여성이 본격적으로 경찰직에 진출한 지 얼마 되지 않았고, '경찰 = 남자'라는 인식이 아직 깊게 남아있기 때문이다.

여성 경찰들이 현장에 배치되는 일이 점점 늘고 있는 지금, 충돌과 대립은 불가피하다. 전통적으로 남성 경찰이 해오던 역할이 분배되면서, 여성 경찰 역시 수많은 시행착오를 겪을 것이다. 그 시행착오에는 차별과 비하, 혐오, 인신공격도 있을 것이고, 실수도 할 것이며, 경찰관 자격을 의심하는 오해도 받을 것이다. 그런데도 우리가 스스로 경찰을 선택했다는 사실, 우리가 꿈꾼 경찰의 모습을 잃어버리지 않기를 바란다. 혐오와 차별, 편견이라는 '네오니코티노이드'에 굴복하지 않고, 부디 멋지게 비행하며 꿈을 펼쳐나가기를 바란다. ◈

함께하면
오래 멀리 갈 수 있다

정선영 · 정의正義를 정의定義할 수 없지만, 꾸준히 정의正義를 추구하는 중. 현실과 이상 사이를 표류하며 모순을 받아들이기 위해 고심 중이다.

경찰인 나에게는 이름과 직급을 제외하고 하나의 호칭이 더 있다. 바로 '여경'이다. '여경'은 단지 성별 구분을 위한 접두어가 아니라 많은 의미가 함축되어있다. 대개 부정적인 의미이다. 그래서였을까, 교육생 시절 중앙경찰학교 생활관 앞에서 지도관의 구령에 따라 나를 포함한 동기들이 수없이 외친 말이 "나는 여경이 아니다!"였다. 그때 지도관의 속내는 정확히 알 수 없지만, 우리 사회 저변에 깔린 '여성성'을 부인해야만 경찰이라는 직업인이 될 수 있다는 뜻이 아니었을까.

그런 가르침을 받고 나간 현장에서는 오히려 '여성성'을 찾아야 했다. 아니 정확히는 여'경'보다 여'성'이길 요구했다. 이를테면 신임 시절, 남경 선배들은 "너는 여경이니까 얼른 결혼하고 애 낳으려면 내근직으로나 가라."는 말을 서슴없이 했다. 그래 놓고 뒤에서는 "여경들은 내근만 하려 든다."며 비난했다. 일부 현장에서 나를 배려해주는 척 배제시키고는, '뒤로 빠져 있는 여경'으로 만들었다. 처음에는 업무가 미숙한 나를 배려해주는 거라고 생각했다. 여경 선배들도 대부분 비슷한 경험을 했음을 알았지만, 신임인 나로서는 어떤 태도를 취해야 할지 혼란스러웠다. 그들의 요구를 정확히 이해하지 못한 나는 당시에 '남경'처럼 일하기 위해 과할 정도로 노력했다.

또한 대부분의 직원들은 나에게 남경처럼 '털털한' 성격을 기대하면서도, 어떤 일에서는 여'성'으로서 '섬세한' 능력을 발휘해주기를 바랐다. 안타깝게도 내게 섬세한 면은 없었기에 때로는 '섬세한' 척을 해야만 했다. 그러던 어느 날 누군가 자살 시도를 한다는 신고를 받고 출동했다. 현장에서 자살 기도자를 잘 설득하여 보호자에게 무사히 인계하던 중 갑자기 발생한 화재현장으로 이동하게 되었다. 다행히 화재는 크지 않아 무리 없이 진화되었다. 현장 정리 후 지구대로 돌아가는 순찰차 안에서 팀장님께 이전의 자살 기도 사건에 대해 보고했다. 팀장님이 말했다.

"역시 정 경장이 나가서 잘 해결될 줄 알았어."

'아, 또 상담 같은 건 여경에게 맡겨야 한다고 하시려나?'

내심 생각하는데, 팀장님은 내 생각을 읽기라도 한 듯 덧붙여 말했다.

"정 경장이 현장 나가면 난 걱정 안 해."

팀장님은 팀의 여느 남경과도 비교하지 않았고, '여자라서 운운' 하는 따위의 칭찬을 곁들이지 않았다. 현장에서 일 잘하는 경찰로서의 내 모습을 인정하신 것이다. '여경은 0.5인분을 한다'라는 소리를 지겹도록 들으며, 늘 위축되어 있던 나에게 팀장님의 한마디는 내 어깨를 쫙 펴게 했다. 여경에 대한 차별적 시선에서 벗어나고자 '여경'이 아니기 위해 애쓰면서, 오히려 그들이 만들어놓은 '여경'의 틀에 갇혀 있었던 것은 아닌지, 지난날의 내 모습이 떠올랐다.

'여경은 일 편한 부서에서 내근하며 승진이나 하려고 하지', '여경은 내근 선배 여경 자리를 꿰차고 들어야만 해' 등. 여경에 대해 수없이 들었던 말들이다. 나 또한 예외는 아니어서 주위 사람들에게 나는 '내근으로 갈 사람'이었다. 여경이 내근으로 가야 하는 이유는 결혼과 육아로 현장에서 오래 일할 수 없고, 체력적으로도 취약하다는 것이다. 그럴수록 나는 '현장에 강한 여경'이 되어야겠다는 생각이 더욱 강해졌다. 물론 평생 현장에 있을 수는 없겠지만 적어도 '여경은 남경보다 현장 일을 못 하니까' 또는 '편하게 일하려고 현장을 떠난 여경'이 되지는 말자고 생각했다. 처음에는 '남경처럼 일하는 여경'이 되려고 했던 마음이었는지도 모르겠다. 그런데 순찰차 안에서 팀장님의 말씀을 듣는 순간, 나도 모르는 사이 '여경 프레임'에 갇혀 있었음을 알았다. 덕분에 '여경'이 아닌 한 사람의 경찰로서 내가 하고자 하는 일을 떠올렸고, 나는 현장에 남아야겠다고 다짐했다.

그러나 여기서 끝이 아니었다. 경찰로서의 나에 대한 정체성은 또 다른 복병을 만나 흔들렸다. 바로 여경들 간의 끊임없는 비교와 평가이다. 나의 첫 발령지 파출소에는 여경 선배가 한 명 있었다. 업무능력이 뛰어날 뿐만 아니라 성격도 좋아서 파출소 내 직원들과 친밀했고, 나에게도 친절했다. 하지만 나는 선배에게 쉽게 다가가기 어려웠다. 교육생 시절부터 귀에 딱지가 앉도록 들은 '여경 선배가 제일 무섭다', '여자의 적은 여자다', '여경 선배한테 찍히면 경찰 인생 끝난다'라는 말들 때문이었다.

여경은 자주, 은연중에 비교된다. 처음에는 팀 또는 부서 내에서 '너는 저 선배의 반만 해도 잘하는 거다', '저 팀 여경은 저렇게 하는데 너는 왜 못 해'라는 말로 시작된다. 그러다 어느 순간 나는 얼굴도 모르는 옆 지구대, 다른 부서 여경들과 비교되고 평가의 말이 날아든다. 나중에는 전설처럼 내려오는 여경과 비교되기에 이른다. 어떤 여경이 칼을 보고 무서워서 순찰차 안에 숨었다더라, 예전에 어떤 여경이 현장에서 날아다녔다더라 등. 비난이든 칭찬이든 마치 교훈처럼 새겨들으라는 듯 말하지만, 결국은 반면교사가 아니라 단지 그 대상과 나를 비교하는 데 목적이 있었을 뿐이었다. 심지어 비난 조의 대상자를 언급할 때는 그 사람을 특정하기보다는 '여경' 전체를 대상화하면서 '너도 언제든 그런 여경이 될 가능성이 있다'는 의미가 되어버린다. 이러한 비교는 연차가 쌓여도 계속되며 심지어는 후배 여경들과도 비교된다. 유능한 여경 후배들은 시간이 갈수록 늘어나기 때문에 분야별로, 꼼꼼히, 비교당한다.

새로운 부서로 전입 당시, 부서직원에게 처음 들은 말이 "여기 팀장님은 여경 싫어하는 거로 유명하세요. 고생하시겠어요."였다. 왜 싫어하는지 물었더니, 전임 여경이 육아 때문에 퇴근을 빨리하고 회식도 빠졌기 때문이라고 했다. 발령 첫날, 그 팀장님이 나에게 말했다. "여경 절대 안 받으려고 했는데 특별히 받아준 거야." 그래서 나는 '전임 여경'과는 다른 여경이 되기 위해 노력해야만 했다. 회식도 빠지지 않고 마지막까지 남아있었고, 남경들과 어울리기 위해 칠 줄도 모르는 당구대 옆을 지켜야 했다. 누구보다 일찍 출근하고 늦게 퇴근하여, 나의 주야간 근무패턴을 구분할 수 없을 정도가 되었다. 덕분에 '경찰서 지박령(자신이 죽은 곳을 떠나지 못하고 죽은 장소를 계속 맴도는 영혼)'이라는 별명까지 얻었다. 그래서 전임 여경과 비교하여 좋은 평가를 받았느냐고? 그렇지 않았다. 비교 대상은 어디에나 있었기 때문이다. 전임 여경과의 비교가 시들해질 무렵, 다른 팀 여경과 말투, 행동, 서류 작성 방식까지 비교당하며 나는 이유를 알 수 없는 비난 속에 점점 고립되고 지쳐 갔다. 건강도 급격히 나빠졌다. 최선을 다한 결과로 내가 얻은 것은 최악의 심신 상태였다. 이러다 정말 죽겠구나, 싶어 결국 전출을 결심했다.

다행히 전출 이후 새로운 부서에서는 좋은 여경 동료들을 만나는 행운을 얻었다. 덕분에 나 또한 성장했다. 나는 초임 시절 성추행, 성희롱을 겪으면서 전혀 대응하지 못했지만, 후배들에게는 인내와 회피를 해결책으로 제시하고 싶지 않았다. 문제 상황에서 신중하고 지혜롭게 대처하는 방법과 더불어 무엇보다 '두려워하거나 참지 않아도 된다'는 것만큼은 분명하게 알려주고자 했다. 말만 내세울 수는 없는 일이어서, 나는 필요하다면 용기 내어 앞장섰고 해결하기 어려운 문제는 함께 고민하며 할 수 있는 일을 모색했다. 지지와 응원, 이것이 여경 동료의 가장 중요한 역할이라는 것이 내 생각이었다.

이런 일들을 겪으며 나는 여경 선후배의 관계에 대해 진지하게 생각해보게 되었다. 연차가 쌓이고 후배들이 늘면서 '선배 노릇'에 대한 고민을 할 수밖에 없었다. 첫 실습과 시보 임용(정식 공무원으로 임용하기 전 일정 기간 실무를 익히는 기간) 시기에 여경 선배와 후배가 멘토 멘티 관계를 맺게 된다. 내가 할 수 있는 일은 '들어주는 선배' 역할이었다. 여경 선배는 무섭다는 인식, 여경끼리의 경쟁 구도라는 편견을 후배들에게는 물려주고 싶지 않았다.

대체로 내가 만난 여경들은 다재다능했다. 꼭 경찰이 아니더라도 다른 곳에서 충분히 인정받을 인재들이었다. 그런데도 '남초' 조직에서는 나이, 연차, 계급 등으로 이루어진 각종 관계 그리고 성별로 인해 항상 약자가 되었다. 나는 업무와 관련된 사소한 어려움부터 실질적인 고충까지 내가 겪었던 일들을 들려주며 후배들에게 다가갔다. 내가 다가선 만큼 또 다가와 주는 후배들을 보며 깨달았다. 여경들이 '각자' 문제를 해결하려고 고군분투해야 하는 것이 아니며, 우리는 함께함으로써 그 누구도 '고립'되거나 '낙오'되지 않을 수 있다는 것을.

이렇게 나의 주변에서 하나둘 편이 되어준 것부터 시작하여 '젠더연구회' 활동을 더해, 더 많은 선후배들의 연대가 만들어졌다. 그 과정에서 자연스럽게 힘든 과정을 겪고 있을지도 모를 친애하는 여경 동료들에 대한 관심이 생겼다. 아직도 '여경의 적은 여경'이라는 소리를 듣고, 무의미한 비교와 비난에 몸을 숨기고 있을 동료들을 떠올리면 손바닥에 뜨겁게 열이 오르는 것이 느껴진다. 편이되어주고 싶은 동료들에게 이 손의 온기를 전해주며 말하고 싶다.

"나는 불모지에서 꿋꿋이 살아남은 선배들의 도움을 받았고, 후배들은 조금 더 나은 환경에서 일할 수 있기를 바란다. 그래서 묵묵히 견디고 영혼 없이 웃어주는 것이 최고의 덕목이 아니며 때론 정면으로 부딪치는 것이 더욱 가치 있는 일임을, 가능하다면 나쁜 경험은 하지 않길 바라지만 혹여나 하게 되더라도 혼자 내버려

두지 않고 기꺼이 손을 내밀어줄 선후배 동료들이 있음을 알려주고 싶다. 거창한 말 같지만, 그저 편하게 이야기 나누고 두 손 맞잡고 걸어가는 것이 전부다. 나와 같은 마음의 동료들이 계속해서 이런 과정을 거치다 보면 언젠가 나를 딛고 올라선 후배들이 더 나은 선배가 되어있을 것이고, 결국 그 경험들이 또 다른 선후배들과 나누어질 것이라 믿는다. 그러니 잊지 마시길. 당신은 절대 혼자가 아니다." ◈

나의 타임 리프

이야기

엄마는외계인 • 경찰대에 입학하던 날, 후회하지 않을 거라
는 자신감이 있었다. 워킹맘으로, 딸이 공정하고 안전한 세상
에서 살기를 바라는 마음으로 이 책의 필자로 참여했다.

« **타임 리프 1** »

나는 '경찰'이 되고 싶었던 것일까. '여성 경찰'이 되고 싶었던 것
일까. 경찰 생활 10여 년 차, 나는 여전히 그 물음을 가지고 있다. 스
무 살, 정말 경찰이 되고 싶었다. 그래서 한 번의 고배를 마시고 진
로를 바꿔 다른 대학에 진학했지만 마음은 경찰대에 있었다. 경찰
의 꿈을 이대로 접어야 할까, 공부를 하는 둥 마는 둥 1년여 동안 잠
시도 '경찰'에 대한 생각을 하지 않은 날이 없었다. 결국 또 한 번의
도전 끝에 경찰대에 합격했다. 경찰대에 입학하던 날, 앞으로 어떤

후회도 없을 거라 자신할 만큼 경찰에 대한 나의 염원은 깊었다.

그러나 그 염원은 내가 지켜내야만 하는 것이기도 했다. 첫 훈련을 받으면서부터 나는 '여성성'을 지워내야 하는 현실과 마주쳤다. "전부 눈 감아!"로 시작한 2주간의 군사훈련식 '적응 훈련'을 시작으로 제복을 입은 지 16년째인 지금까지, 그러니까 '경찰'이라는 표식이 붙은 바로 그때부터 '여성성' 또는 '여자다움'은 감추어야 할 것, 부정한 것, 고쳐야 할 것이라는 외부의 시선에 노출되어 있다. 나는 나를 자주 의심했다. 머리는 너무 길지 않은지, 말투는 여성적이지 않은지… 내 행동과 말투, 사고까지 모든 것을 스스로 검열했다.

"원화관, 똑바로 안 해!"

경찰대 시절, 여학생들은 보통 여학생 전용 기숙사 명칭인 '원화관'으로 통칭되었다. 목소리가 남자들처럼 우렁차지 않다고, 제식의 칼각이 남자들처럼 멋지게 떨어지지 않는다고, 남자들처럼 빡세게 '다나까', '합쇼(하십시오)'를 쓰지 않는다고, 남자들보다 편하게 학교생활 한다는 등등의 이유로 선배한테 갈굼을 당할 때 여학생들은 이름 대신 '원화관'으로 불렸다. 나는 '원화관'이라는 말을 아주, 몹시, 매우 싫어했다. 그렇지만 온당함을 따지기 전, 경찰이 되려면 거쳐야 하는 과정이라고 나 스스로를 각인시키며 큰소리를 답하곤 했다.

"시정하겠습니다!"

생각해보면, 스무 살 경찰대생인 나는 수많은 물음을 가졌지만 누구에게도 묻지 못했다. 중견 경찰이 된 지금 타임 리프time leap, 그 시절로 돌아가 물음에 답해주고 싶다.

스무 살의 나

나는 과연 경찰대생의 자격을 갖추었을까? 좋은 경찰이 될 수 있을까?

10여 년 차 경찰인 나

짧은 스포츠머리에 딱 벌어진 어깨, 근육질을 가져야 좋은 경찰관이 되는 건 아니야. 철야 근무나 당직 근무를 무리 없이 수행할 만큼의 체력이면 돼. 겁내지 마. 그리고 너는 누구에게도 네가 할 일을 미루거나 여학생이라는 이유로 편의나 특혜를 바란 적이 없어. 무엇에도 꿀리지 마. 사실 대부분 여학생이 '여자'라는 편견이 싫어서 기를 쓰고 치열하게 노력하지. 여성이라서 경찰이 되기에 절대 모자라지 않다는 점을 꼭 기억해! 그게 널 지켜줄 거야!

« 타임 리프 2 »

2011년 졸업하자마자 의무적으로 2년을 보내야 하는 순환보직 근무 때 A경찰서 경제범죄수사팀에 발령을 받았다. 많은 직원들이 선호하는 경찰서인지라 경력이 오래된 사람들이 모여 있었다. 평균연령이 대충 계산해보아도 55세가 훌쩍 넘는 상황, 26세의 나는 '애송이'나 다름없었다. 게다가 여성이었다. 모두가 가고 싶어 하는 경찰서에 여성 경찰이 배치되었으니 첫 출근 날부터 나를 배척하는 묘한 기류가 느껴졌다. 그리고 한 선배 경찰로부터 이런 말을 들었다.

"그냥 대충대충 하다가 가. 어차피 너는 본청(경찰청)으로 갈 거잖아. 안 그래도 30%를 여경으로 채우라고 하는데, 여경들한테 조사 능력이 있냐, 피의자를 압도할 수가 있냐, 어차피 너는 이 일과 안 맞아!"

일을 시켜보지도 않은 채 나에 대해 저렇게 확신하는 근거는 무엇인가? '내가 여자라서?' 그 이유밖에 없었지만, 속으로 나는 되묻고 있었다. '정말 여경은 조사 능력이 없는 걸까? 나는 젊은 여자라서, 피의자를 압도할 수 없는 걸까?' 스스로에게 묻기 전에 나는 당당하게 말했어야 했다. "아닙니다. 제게는 선배님 원하는 만큼의 업무수행이 능력이 있습니다. 저에게 일을 주십시오!"라고. 하지만 위축된 나는 선배경찰관의 차별적 발언에 한마디 대꾸도 하지 못했다.

그러던 어느 날 선배경찰관과 2인 1조로 당직을 서던 중이었다. 둘만 있는 사무실에서 선배는 휴대폰으로 야동을 틀어놓고 보고 있었다. 선배는 내가 모른다고 생각할 거라고, 그래서 저렇게

행동하는 거라고 믿고 싶었지만 그러기엔 소리가 컸다. 내내 조마
조마한 마음으로 눈치를 보던 나는 정적 속에 삐걱대는 문소리에
도 놀라는 나 자신을 발견하고는, 우연히 이동 보직이 생겨서 도망
치듯 다른 경찰서로 옮겼다.

경찰 초임 시절, 스스로 나의 능력을 의심했다. '여경이 할 수
있겠냐'는 우려의 말들에 흔들리지 말아야 했다. 그들은 나를 진심
으로 걱정하는 것이 아니었다. 여성에 대한 의례적인 차별일 뿐이
었다. 당직 근무를 서면서 받았던 수모는 지금도 잊히지는 않지만
그때의 나를 탓하고 싶지 않다. 그러나 그때의 내가 품었던 의심들
은 풀어주고 싶다.

초임 여경 시절의 나

나는 여경이어서 수사 자질이 없는 걸까? 여경이어
서 피의자를 압도하지 못하면 어떻게 하지? 나는 왜
성적 차별과 희롱에 한마디 말도 못 했을까?

10여 년 차 경찰인 나

수사관에게 필요한 가장 중요한 업무 자질은 진실에
접근하는 용기와 명민한 증거 수집이야. 피의자 심
문에 수사관의 성별은 네가 생각하는 만큼 그다지
중요하지 않아. 피의자를 압도하는 데 필요한 강인
함은 자신 있는 태도에서 나오는 거야. 그런 두려움

에도 너는 편견에 맞서기 위해 밤샘도 마다하지 않고 조사에 임했어. 야간당직 날, 선배경찰관의 희롱에 맞서지 못한 건 조금은 억울하긴 해. 초임 여경으로 처음 당하는 일이라 도움을 청할 데가 없었지. 그런데 이제라도 후배들을 위해 이야기할 수 있으니 괜찮아. 네가 도움을 청하면, 어디에선가 여경을 비롯한 경찰 선배들이 도와준다는 것을 꼭 기억하렴.

« 타임 리프 3 »

경찰관이 되면서 국민의 생명과 재산을 보호하고, 인권을 수호하는 경찰관의 본분을 다하겠다고 다짐했다. 거창해 보이지만, 내 가슴에 품은 대의이자 명분이었다. 한편으로 이동이 잦은 관료조직에서 나에게 맞는 보직을 찾아 경력을 차곡차곡 쌓는 일도 직장인으로서 매우 중요했다. 이런저런 차별과 불합리에도 명분과 다짐을 되새기면서 나는 그런대로 버틸 수 있었다. 결혼을 하고 아이를 낳기 전까지는 말이다.

출산을 하고 1년 가까이 휴직을 하면서 나는 내 앞날이 안개 속에 있는 듯했다. 앞으로 육아와 함께 직장생활을 어떻게 해나가야 할지 암담했다. 과연 복직을 한 뒤 예전처럼 몸을 던져가며 열심히 일할 수 있을까. 아이를 키우면서 잘할 수 있을까. 열심히 일하느라 아이를 잘 돌보지 못하는 건 아닐까. 아니 아이 때문에 경찰 일에 소홀해지는 건 아닐까. 나로 인해 일을 그르치는 상황은 나 스스로 용납할 수 없을 것만 같았다. 그 모습을 상상하면서 나 자신에게 화가 나기도 했다. 나는 의기소침해졌다. 경찰관의 직무를 수행하는 데는 모성이 방해가 될지도 모른다는 막연한 불안감 때문이었다.

두려움과 걱정 속에서 결국 나는 복직을 선택했다. 결과는 슈퍼맨이 되었다는 것! 양가 부모님의 전폭적인 지지와 좋은 보육시설 덕분에 경찰관과 엄마 역할을 무리 없이 잘 해내고 있다. 무엇보다 나와 비슷한 길을 가며 고민했던 선배 여경들로부터 육아와 직장생활 팁 등 도움을 많이 받았다. 무조건 자기 삶을 희생하며 봉사하는 경찰관이 아니라 직업으로서의 경찰과 자기 삶을 균형 있게 만들어가는 게 중요함을 배웠다. 엄마가 핸디캡은 아니지만, 나는 더 노력했다. (사실 아이 때문에 더 힘이 났다!) 내가 할 수 있는 일이면 기꺼이 나섰다.

아이가 커가는 모습을 보면서 그때 나는 뭐가 그리 겁이 났을까 싶다. 복직할까, 그만둘까, 경찰을 계속할 수 있을까, 일을 잘할 수 있을까, 수없이 고민하던 초보 엄마에게 토닥토닥 말해주고 싶다.

초보 엄마이자 여경인 나

엄마 역할도 잘하고 경찰관도 잘할 수 있을까?

슈퍼맨인 경찰 엄마

너무 잘하려고 하지 마. 경찰로서 할 일을 하고, 엄마
로서 할 일을 하면 된다고 생각하렴. 완벽한 경찰, 완
벽한 엄마, 완벽한 날은 없어. 하루하루를 성실히 보
낸 것만으로 충분해.

어리기만 했던 경찰대생과 초보 경찰, 엄마 경찰을 지나 16년 경
력을 쌓아온 나. 경찰관으로서 앞으로의 삶을 잘 살아내는 데 가장
큰 힘은 어쩌면 서툴렀던 지난 시간을 긍정하는 데 있을 것이다.
과거의 나는 멋있었고 잘했다. 차별과 편견 속에 각자의 삶을 지켜
온 모든 여경들에게도 들려주고 싶은 말이다. ◈

지구대,
명품 드라마는 있다

황아이 • 다양한 가치와 삶에 대해 더 많이 알고 싶어 경찰을 택했다. 세상엔 우리가 이해하지 못하는 존재들도 있음을 배운다. 그리운 첫 근무지 동료들과 신임경찰로 현장에 나갈 소중한 친구를 생각하며 이 글을 썼다.

길지 않은 경찰 생활 가운데 마음에 남는 순간은 생각보다 많지 않다. 일이 고되고 끔찍한 사건을 많이 접하다 보니, 지난 일은 오래 담아두기보다 최대한 빨리 잊는 게 좋다고 생각했던 듯하다. 이 직업에 익숙해지면서 대부분의 일은 빠르게 흘러가고 잊혔다. 다만 경찰이 되어 첫 근무를 시작한 지구대 생활의 몇 장면은 지금도 잔잔한 그림처럼 남아있다. 따뜻함으로 기억되는 날들엔, 넘치는 의욕에 비해 모든 게 서툴렀던 신입을 오롯이 동료로 받아들이고 다시 돌아오지 않을 그 시절을 함께 보낸 선배 경찰들이 있었다.

신고식

신입의 첫 근무지는 아파트 단지와 재개발을 앞두고 철거가 시작된 주택가 사이의 작은 지구대이다. 경찰도 회사처럼 직함을 만들어 서로를 부르는데 보통 경위급은 '주임'이라는 호칭을 쓴다. 흔한 경우는 아니지만, 신입이 들어간 1팀은 고참부터 막내까지 팀원이 모두 주임이었다. 1팀의 야간 근무날, 첫 출근을 한 신입은 제일 먼저 팀원들의 이름이 적힌 직제표를 보고 있었다. 김 주임이 신입의 옆에 앉아 팀원들의 이름을 보며 한명 한명 소개했다. 신입이 오기 전까지 1팀의 막내였던 김 주임은 누구보다 신입의 발령을 반가워했고 첫날부터 살뜰히 챙겼다. 맞은편에서 무심하게 이 모습을 바라보던 이 주임이 말했다.

"김 주임이 그동안 막내 하느라 고생 많았지, 너도 벌써 마흔이 넘었는데⋯."

신입 경찰들은 일반적으로 첫 근무지에서 오래 머물지 못했다. 동원 순번에 따라 기동대로 발령이 나거나 원하든 원치 않든 지구대를 떠나 타 부서로 전입하게 되는 경우가 많다. 지구대에서 제 역할을 하게 될 때쯤이면 떠나보낼 사람이라는 생각에 퇴직을 앞둔 1팀 주임들이 신입에게 정을 주고 일을 가르치기란 쉽지 않았을 것이다. 그렇다고 하더라도 오랜만에 지구대에 새로운 얼굴이 등장한 날이어서 그런지 평소 같으면 근무 시작과 동시에 각자의 순찰차로 뿔뿔이 흩어지던 1팀 팀원들이 지구대 안에 모여 있었다. 사는 곳과 고향을 묻는 김 주임의 질문에 신입이 대답을 이어가던 중, 지구대 데스크에서 신고 접수를 알리는 신호가 울리고 무전기에서 신고 내용이 흘러나왔다.

"남이역 2번 출구 앞, 취객이 도로에서 지나가는 차를 가로막고 있다는 상황."

무전을 들은 1팀 팀원들은 익숙하게 배정받은 각 순찰차에 올라탔다. 신고현장을 담당하는 순찰차는 우연하게도 신입과 김 주임이 타야 할 차례였다. 1팀의 최고참인 한 주임이 장난 섞인 목소리로 말했다.

"아직 취객 신고 들어올 시간이 아닌데… 신입 왔다고 신고식 하나 보네."

현장에 도착했다. 왕복 6차선 도로 중간에 취객이 양팔을 벌리고 지나가던 차량을 막고 서 있었다. 어디서 넘어졌는지 이마와 구겨진 셔츠에는 흐르다 말라버린 핏자국이 보였다. 남자를 인도 쪽으로 끌어오는 내내 그는 팔을 뿌리쳤다 잡히길 반복했다. 몸에서 술 냄새가 확 풍겨왔다. 실랑이하는 사이 구급차가 현장에 도착했다. 남자를 겨우 인도 턱에 앉혀놓고, 김 주임은 112신고를 한 차주에게 신고 상황을 듣기 위해 다시 도로로 향했다. 남자를 살피던 구급대원이 신입을 향해 말했다.

"이분 다친 것 같으니까 일단 병원으로 데려가시죠, 그런데 저희가 술 취한 사람을 태우면 차 안에서 좀 위험할 수 있어서 경찰관 한 분이 동행해주셔야 해요."

신입이 도로에 나가 있던 김 주임에게 이 말을 전하자 그는 한쪽 팔로 연신 차들의 통행을 유도하며 신입에게 구급차를 타라고, 자기는 순찰차로 뒤따라가겠다고 했다. 신입은 고개를 끄덕이고는 구급대원과 함께 남자를 부축해 구급차에 올라탔다. 이내 구급차가 출발했다.

빠르게 멀어져가는 구급차를 보며 김 주임은 뒤늦게 상황을 파악하고는 순찰차로 뛰어갔다. 1팀 팀원들의 무전기로 김 주임의 다급한 목소리가 흘러나왔다.

"여기, 신입이 지금 주취자랑 구급차에 탔습니다."

지구대에 남아 무전을 들은 1팀 팀장이 대답했다.

"신입이 주취자랑 차에 탔다고요? 아직 뭘 모를 텐데 혼자는 위험해요."

아니나 다를까 구급차 안에서는 술 취한 남자가 난동을 부리며 구급대원의 손을 뿌리치고 욕 섞인 고함을 지르기 시작했다. 다른 순찰차에 타고 있던 이 주임이 무전기를 빼 들었다.

"아직 다른 신고 없으니까 저희가 가서 교대하겠습니다, 신입은 구급차 잠깐 세워달라고 하세요."

근무 첫날, 난생처음 구급차에서 취객과 옥신각신하고 있는 신입에게는 흘러나오는 무전이 들리지 않았다. 이 주임은 차량 내 비게이션에 공유되는 순찰차 위치를 보며 빠르게 내달렸고 김 주임이 구급차를 따라잡기도 전에 앞질러 지나갔다. 이 주임이 구급차를 따라잡자 옆자리에 타고 있던 하 주임이 급히 뛰어내려 구급차 문을 열었다. 뒤이어 쫓아온 김 주임도 신입을 다시 순찰차로 옮겨 타게 하고 하 주임이 대신 구급차에 올라탔다.

"아니 혼자 그렇게 타버리면 어떻게 해!"

이 주임이 신입을 타박했다. 신입은 이 난리통의 영문을 알지 못했다. 구급차에 타라고 하기에 탔고 난동을 부리는 취객을 말리고 있었을 뿐인데, 1팀 팀원들이 달려와 임무 교대를 하다니! 신입이 탄 구급차로 단숨에 달려온 팀원들의 속마음이 어땠을지 알 수는 없지만, 신입은 근무 신고식의 주인공이 자신이 아니라 1팀 팀원들이었음을 한참 후, 지구대에 또 다른 신입이 온 뒤에야 깨달았다. 지구대에 근무하면서 혼자만의 의욕과 열정으로 해결할 수 있는 일은 없음을 깨달은 것도 시간이 더 흐르고 나서였다.

와인바에서 뺨 맞은 최 주임

검게 탄 피부에 짧은 머리, 지문이 닳아 손가락 끝이 무뎌진 최 주임은 정년퇴직까지 3년을 남겨두고 있다. 신입의 아버지뻘 나이임에도 그의 몸은 등산과 자전거로 단련되어 있다. 최 주임은 감정 표현에는 능숙하지 못했다. 신입 또래의 딸이 있다고 하면서도 자신이 무뚝뚝한 편이라 대화를 많이 하지 못한다고 했다. 최 주임은 신입에게 딸과의 관계에 대한 고민을 털어놓으며, 신입에게 대하는 만큼조차도 딸에게 표현하기가 쉽지 않다고 말했다. 둘은 근무 시간 틈틈이 서로의 딸, 아버지 얘기를 하며 공감대를 나눴다.

장난인지 진실인지 알 수 없으나 1팀 주임들 말로는 최 주임은 운전을 잘해서 경찰이 되었다고 했다. 다재다능한 최 주임과 신고 현장에 나가면 상황이 금방 정리되었다. 창밖으로 연기가 보인다는 신고를 받고 현장에 먼저 도착한 최 주임은 망설임 없이 스파이더맨처럼 난간을 타고 2층까지 올라가 창문을 뜯어냈다. 증거물 확보를 위해 차량 블랙박스 영상을 봐야 할 때는 능숙하게 기기를 조작해서 주머니에 항상 가지고 있는 여분의 USB에 영상을 옮겼다. 최 주임과 순찰차를 타는 날에는 신고 현장으로 향하는 신입에게 더욱 자신감이 붙었다.

"여성 취객 두 명이 취해서 난동 중이라는 상황."

일상적인 신고 내용을 보며 최 주임과 신입은 신고 장소로 향했다. 도착한 곳은 건물 2층에 있는 와인바였는데, 중년 여성 두 명이 술에 취해 각기 다른 테이블 위에 엎어져 있었다. 신입은 순찰 조끼에서 장갑을 꺼내 끼고 여성들을 깨웠다. 휴대폰이 모두 잠겨 있어 가족의 연락처도 확인할 수 없었기에 우선 지구대로 옮기기로 했다. 한참 실랑이한 끝에 한 명을 먼저 계단 아래로 내려보내 최 주임에게 인도하고 신입은 다시 올라가 나머지 한 명을 끌고 내려왔다. 최 주임은 여성을 아직 차에 태우지 못하고 차 문을 반쯤 연 채 순찰차에 타라고 설득 중이었다. 신입이 부축해 내려온 여성을 잠시 건물 현관에 앉히는 순간, 공기를 가르는 소리가 들려왔다.

'철썩~.'

먼저 내려보낸 여성이 최 주임의 뺨을 때렸다. 최 주임의 안경이 멀리 날아가 땅바닥에 떨어졌다. 여성은 한 번 더 휘두르려는 듯 손을 뻗었다. 신입은 달려가 여성을 밀쳤다.

"지금 뭐 하는 겁니까!"

신입의 고함이 골목을 울리자 지나가던 사람들의 시선이 일제히 집중되었다. 최 주임이 얼른 둘 사이를 막아서며 신입을 말렸다. 신입은 파르르 떨리는 손으로 여성을 붙잡으며 말했다.

"공무집행방해 현행범으로 체포합니다. 변호인을 선임할 수 있고 변명할 기회가 있습니다."

수갑을 채우는 내내 여성은 세차게 저항하며 버텼고 신입과 최 주임은 아무 말 없이 그녀를 붙잡아 차에 밀어 넣었다. 차 안에서도 그녀는 운전석과 뒷좌석 사이의 투명 가림막을 부술 듯이 발로 차며 저항했다.

신입은 뺨을 맞고 얼굴을 감싼 채 멍한 표정으로 서 있던 최 주임의 모습이 자꾸 떠올랐다. 지구대에 와서도 여성들은 술에 취해 제대로 된 진술을 하지 못했고 둘의 신원과 연락처를 찾느라 시간이 꽤 소요되었다. 최 주임을 폭행한 여성은 공무집행방해 혐의로 형사팀에 인계되었다. 신입은 얼떨떨했다. 현장에서 발생하는 경찰관에 대한 이유 없는 폭력을 처음 겪으며, 조원으로서 최 주임을 방치했다는 죄책감과 무력감에 괴로웠다.

최 주임은 단 한 번도 그날의 일을 이야기하지 않았다. 신입은 내내 담아둔, 미안하다는 말을 최 주임에게 전하지 못했다. 며칠 뒤 최 주임의 뺨을 때린 여성이 사과하겠다며 지구대에 찾아왔다. 일방적인 방문은 신입과 최 주임에게 그날의 불쾌한 기분을 상기시켰다. 최 주임은 사과할 필요 없으니 돌아가달라고 했다. 여성은 쉽게 물러나지 않았다. 이를 지켜보던 신입은 여성을 지구대 멀리 데리고 나갔다. 기억하지 못하겠다는 여성에게 신입은 그날의 일을 퍼붓듯이 이야기해주었다. 여성은 죄송하다는 말만 연신 되뇌며 고개를 숙였다. 지난밤 난동을 부릴 때와는 완전히 다른 여성을 보며 신입은 문득, 자신이 이렇게 속풀이 한들 무슨 소용인가 싶어 말을 멈추고 돌아섰다. 지구대 문을 열고 들어서는 신입에게 최 주임은 아무 일 없었다는 듯 웃으며 물었다.

"우리 신입이 그 아주머니 데려가서 아주 혼쭐을 내줬나 보네?"

그제야 신입도 웃으며 답했다.

"그럼요, 주임님. 제가 엄청나게 혼내서 보냈어요."

살인사건에 맥이 풀린 송꽝

지구대에서는 웬만한 싸움 현장은 다 가보게 된다. 부부와 연인,

친구들 사이의 싸움은 물론 길 가다 우연히 마주친 사람, 옆 테이블 손님, 윗층 옆집 이웃 사이 등 다양하다. 경찰관은 현장에 가서 양쪽을 분리하여 싸움의 이유를 듣는다. 다친 사람이 있는지, 서로 어떤 사이인지, 피해가 있는지, 앞으로 또 싸울 가능성이 있는지 다양한 상황을 현장에서 알아내고 판단해야 한다. 싸움 전문은 팀에서 '송꽝'으로 불리는 고참 송 주임이다. 큰 키에 빼빼 말라 휘청휘청 걷는 것처럼 보이고, 등도 살짝 굽어 동갑내기 최 주임, 하 주임보다 훨씬 나이가 들어 보인다. 머리와 눈썹은 하얗게 셌는데 상관없다는 듯 염색도 하지 않았다. 행동이 남들보다 느려 팀원들은 송 주임이 이기적인 게으름을 피운다고 생각을 했는지 별명을 '송꽝'이라고 붙였다.

송 주임의 노안은 동네 상인 간에 싸움 현장에서 빛을 발휘한다. 목소리를 높여 싸우던 상인들이 송 주임을 보고 놀라 싸움을 멈춘다. 송 주임이 검버섯이 핀 가냘픈 팔을 흔들며 그들을 말리면 다들 나이 많은 어르신 앞에 있는 양 공손해졌다. 차분히 상황을 듣고, 고소 등 형사 절차를 진행하는 방법을 설명했다. 팀원들은 송 주임을 송꽝이라고 놀리지만, 신입은 송 주임이 나름의 노하우가 있다고 생각했다.

신입과 송 주임의 순찰차에 배정된 그날의 신고는 조금 느낌이 달랐다. 신고 현장은 며칠 전부터 층간소음 때문에 위층과 아래층이 언쟁을 벌이던 연립주택이었다. 신고를 받자마자 현장으로 가고 있는 도중에 재차 신고가 떨어졌다.

"남성이 칼을 휘두른다는 상황."

신입이 지원 요청을 하기도 전에 이미 상황실과 지구대에선 다른 순찰차의 지원 출동을 명령했다. 신입은 마음을 다잡으며 테이저건에 카트리지를 장착시켰다. 가능한 상황과 해야 할 행동들, 돌발상황까지 여러 가지 생각이 스쳐 갔다. 신고자는 이미 밖으로 나와 현장에 온 순찰차를 향해 바쁘게 손을 흔들었다. 하 주임과 이 주임이 탄 순찰차가 동시에 현장에 도착했다. 신고자는 중년 여성이었고 얼굴은 사색이 되어있었다. 아래층 남자가 자신의 제부를 찔렀다고 했다. 고참 하 주임의 지휘에 따라 현관문을 들어서자 칼을 든 가해 남성이 소파에 멍하니 앉아 있었다. 그 옆에는 또 다른 남성이 피를 흘리며 누워 있었다. 이전에 신고를 받고 왔던 터라 가해자의 얼굴과 이름은 이미 알고 있었다. 송 주임이 이름을 부르며 다가서자 그는 모든 걸 포기했다는 듯이 칼을 내려놓고 체포에 응했다.

하 주임과 이 주임이 가해 남성에게 수갑을 채우는 사이 119 구급차 사이렌 소리가 들렸다. 피해 남성은 피를 너무 많이 흘린 상태였다. 송 주임이 구급대원을 인도하기 위해 달려 나갔다. 뒤를 따라 주임들과 신입이 가해자를 붙잡고 계단을 따라 내려갔다. 앞서 내려가던 송 주임이 갑자기 다리가 풀린 듯 주저앉았다. 송 주임은 앞으로 무릎이 접힌 채 그대로 무릎으로 계단을 쓸며 내려갔다.

"아유, 좀 진짜."

이 주임이 송 주임의 겨드랑이에 팔을 넣어 일으켰다. 송 주임은 아파할 겨를도 없이 절뚝절뚝 대문 밖을 나가 구급대원을 불렀다. 신입은 현실감 없는 이 상황이 꿈 같았다. 지구대에 도착해서 1팀 팀원들은 혹시 모를 가해자의 도주 등 돌발행동에 대비하여 지구대 문을 걸어 잠그고 서류 작업을 시작했다. 지구대장은 수사팀에서 오래 근무했던 이 주임이 상황을 정리해서 사건 보고를 작성하게 했다. 사건처리에 필요한 서류를 작성하고 가해 남성을 인계하는 데 시간이 한참 더 흘렀다.

퇴근하기 위해 휴게실에 들어선 신입의 근무 조끼에 사건 현장의 흔적들이 선명하게 남아있었다. 그날 현장에 출동, 지원 나온 모든 팀원들이 그랬다. 옷을 갈아입고 내려오자 팀원들은 벌써 지구대 밖을 나가 있었다. 평범한 교대시간과 다를 바 없이 팀원들은 지구대 앞에서 서로 인사를 하고 헤어졌다. 멀리 먼저 출발한 송 주임이 한 손을 허리에 괴고 반대쪽 발을 질질 끌며 걸어가고 있었다.

몇 달이 흘러 그 일은 1팀 팀원들에게 때로는 기억하고 싶지 않은 악몽으로, 때로는 그들의 영웅담으로 종종 회상되었다. 순찰 중 짬을 내서 갖는 점심시간에 이 주임은 또 그날이 떠오르는 듯 연신 손바닥으로 얼굴을 쓸어내리며 말했다.

"지나갔으니 말인데, 그때 송꽝 주임이 무릎으로 썰매 타는 거 봤어? 나 속으로 웃음 참느라 혼났네! 진짜."

팀원들이 일제히 웃음을 터뜨렸다.

아직도 가끔은, 그리운 1팀

주야 교대근무를 별 탈 없이 해내려면 근무 주기에 맞게 컨디션 관리가 필요하다. 밤낮이 바뀌는 것을 대비해서 앞뒤로 잠을 보충하고 쉬는 시간에 최대한 휴식을 취해야 한다. 특별한 일이 생겨 충분히 휴식을 취하지 못하면 근무 내내 피곤한 상태로 일을 해야만 한다.

하 주임은 컨디션을 유지하는 비법 중 하나로 근무시간 동안 팀원들과 잘 지내기 위해 노력한다고 했다. 가뜩이나 피곤한데 일이든 사람이든 불만을 가지면 스트레스만 더 쌓인다는 것이다. 1팀 팀원들을 만나고는 큰 노력 없이 그게 가능하다고 했다.

1팀 주임들은 진작에 신입을 팀의 가족으로 받아들였다. 김 주임은 늘 신입에게 먼저 다가가 신입이 알아야 할 것들을 설명하고 챙겨줬다. '송짱' 송 주임은 매일 담배를 많이 피운다고 주임들에게 핀잔을 들었는데, 신입과 같은 조로 순찰차를 타는 날에는 하루 종일 담배를 피지 않았다.

오랜 수사경력을 가진 이 주임은 신입에게 복잡한 사건 내용을 적어주고 죄명 별로 범죄사실을 쓰게 했다. 피곤한 숙제였지만 신입이 지구대를 떠나오고 나서 자신을 그렇게 가르쳐줄 선임을 다시 만나긴 쉽지 않았다. 인사철에 맞추어 다른 부서로 옮길 준비를 하게 된 신입은 지구대에서의 하루하루가 아쉽게 느껴졌다. 마지막 근무를 앞두고 팀원들에게 무슨 말을 해야 할지 미리부터 생각했다. 신입은 감정을 드러내는 게 쑥스러웠다. 그래서 최대한 담담하게 소감을 전하고 싶어 머릿속으로 연습을 했다.

신입의 지구대 근무가 끝나는 주간 날 아침, 1팀장이 팀원들을 불러모았다. 예상대로 신입에게 마지막으로 하고 싶은 말을 할 시간을 줬다. 신입은 미리 마음속으로 되뇌었던 그간의 고마움과 추억에 대한 감사를 전하고 싶었다. 말을 꺼내려고 고개를 든 순간, 뜻밖에도 팀원들은 신입을 바라보고 있지 않았다. 각자 휴대폰을 보거나 신문을 읽으며 딴청을 피웠다. 신입을 주목하고 있는 팀원은 김 주임뿐이었다. 순간 준비했던 말들은 온데간데없이 사라진 듯 떠오르지 않았다. 잠시 망설이던 신입은 팀원들을 한 명씩 바라보며 고마움과 아쉬움을 전했다. 이별사를 마치고 순찰 나갈 준비를 하는 신입에게 김 주임이 다가왔다.

"주임님들이 신입을 안 쳐다보시네, 엄청 서운하신가 봐."

"서운해서 그러시는 거예요?"

"그래, 서운하지. 나도 엄청 아쉬운데…, 다른 데 발령 나도 가끔 보자."

신입은 그제야 1팀 주임들의 감정을 이해했다. 형식적인 말로 인사를 나누기엔 서로 정이 많이 들어있었다. 마지막 근무는 최 주임과 한 조였다. 차를 타고 순찰지역으로 이동하는데, 갑자기 최 주임이 한쪽에 차를 세우고 잠시 기다리라고 했다. 신입은 평소처럼 커피나 담배를 사러 갔다고 생각했다. 잠시 후 최 주임이 차에 오르면서 말했다.

"자, 내일모레 빼빼로데이인데, 못 만나니까 미리 줄게."

최 주임이 막대과자 두 상자를 내밀었다. 신입은 멍하게 최 주임이 건넨 과자를 쳐다보다가 대답했다.

"감사합니다, 주임님."

과자를 받아든 신입은 머리를 매만지는 척 고개를 숙였다. 최 주임의 무뚝뚝하지만 아쉬움이 가득 담긴 말에 신입은 순찰 내내 창밖을 보며 눈물을 삼켰다. ◈

여성,
경찰하는 마음

초판 1쇄 발행 2022년 10월 21일
초판 2쇄 발행 2022년 11월 1일

지은이 | 주명희 외

발행인 | 박재호
주간 | 김선경
편집팀 | 강혜진, 이복규
마케팅팀 | 김용범, 권유정
총무팀 | 김명숙

디자인 | 쿠담디자인
표지 일러스트 | 변영근
종이 | 세종페이퍼
인쇄·제본 | 한영문화사

발행처 | 생각정원
출판신고 | 제25100-2011-000320호
주소 | 서울시 마포구 양화로156 (동교동) LG팰리스 814호
전화 | 02-334-7932 • 팩스 | 02-334-7933
전자우편 | 3347932@gmail.com

© 주명희 2022

ISBN 979-11-91360-45-5 (03300)